赢在机制

企业成功机制"四维驱动模型"

熊云桂◎著

新华出版社

图书在版编目（CIP）数据

赢在机制：企业成功机制"四维驱动模型" / 熊云
桂著 . —— 北京：新华出版社，2022.2
ISBN 978-7-5166-6185-7

Ⅰ . ①赢… Ⅱ . ①熊… Ⅲ . ①企业管理—研究 Ⅳ .
① F272

中国版本图书馆 CIP 数据核字 (2022) 第 025648 号

赢在机制：企业成功机制"四维驱动模型"
作　　者：熊云桂

责任编辑：徐文贤　　高映霞
封面设计：回归线视觉传达

出版发行：新华出版社
地　　址：北京石景山区京原路 8 号　邮　　编：100040
网　　址：http://www.xinhuapub.com
经　　销：新华书店、新华出版社天猫旗舰店、京东旗舰店及各大网店
购书热线：010-63077122　　中国新闻书店购书热线：010-63072012

照　　排：盛世艺佳
印　　刷：香河县宏润印刷有限公司

成品尺寸：170mm×240mm
印　　张：15　　　　　　　　字　　数：220 千字
版　　次：2022 年 5 月第一版　　印　　次：2022 年 5 月第一次印刷

书　　号：ISBN 978-7-5166-6185-7
定　　价：58.00 元

推荐序一

"四维驱动"助华为30年走了其他公司100年走完的路

市面上有很多研究企业经营管理的书籍，从不同角度总结出企业的成功之道，有战略决定成败的，有执行力决定成败的，还有细节决定成败的，更有企业文化决定成败的。本人从事企业经营管理工作多年后转入企业管理咨询工作，这几年一直在研究华为的成功经验。我一直在思考一个问题：是什么让华为用30年走完了大部分企业需要100年走完的路程？纵观华为30年的发展历程，我们发现华为的成功离不开四个重要方面。

管理就是决策，管理者的决策能力事关企业的生存和发展。在长期的实践中，华为形成了自己的一套完整的决策机制与决策程序，那就是集体决策。早在1998年华为出台的《华为基本法》里就奠定了集体决策的基础，其有关于接班人的章程规定："华为公司的接班人是在集体奋斗中从员工和各级干部中自然产生的领袖。"

2004年开始，在任正非的建议下，华为成立了EMT（经营管理团队），由任正非和孙亚芳、费敏、洪天峰、徐直军、纪平、徐文伟、胡厚崑、郭平"八大金刚"组成，实行集体领导、集体决策。2011年之后，华为开始实行轮值CEO制度，集团层面由三位轮值CEO各主持半年。同时，华为又成立了运营商、企业、消费者三大业务集团，将日常的管理决策权下放给了各大业务集团的 EMT。这种新的管理架构有利于各大业务集团聚焦自己的领域，并做出更加灵活的决策。2018 年，华为把轮值 CEO 制度改为轮值董事长制度。三位轮值董事长在当值期间是公司最高领袖，处理日常工作，拥有最高权力，但受常务董事会的集体辅佐与制约，并且所有文件需要经过董事会全委会表决通过；最高领袖们的权力受规则的约束，并受监事会监督。

华为决策还有两个特点：第一点是强调方向感，不断调整方向，方向要大致正确，聚焦主航道。第二点是组织要充满活力，在内部组织与人员中迭代更新。华为最高层司令部的"战略决策"，允许少量新员工参加；再下一层级叫"战役决策"，如区域性决策、产品决策等，不仅是新员工，低职级员工也要占有一定比例。华为管理层级都实行"三三制"原则，要让一些优秀的"二等兵"早日参与最高决策。新生力量就像"鲶鱼"一样，把整个鱼群全激活了。

企业的目标、组织、职责、流程及制度保障，构成了组织资源"输入—增值转化—输出"的行动过程，就是运营的过程。华为对企业运作管理体系架构有自己独特的深刻认识和实践，建立了完整的运营管理架构。该架构有三个重要的闭环管理：①从客户到客户的闭环。业务流程承接客户/利益相关方/商业环境对企业提出的需求与要求，企业通过"IPD 产品管理流程"管理客户需求，"LTC 销售管理流程"实现从线索到回款，"ITR 服务管理流程"实现从问题到解决，实现价值创造，提升客户满意度并获得客户反馈。这是华为"为客户服务是华为存在的唯一理由"价值观的体现。②从战略到价值创造的闭环。战略与管控定义企业战略方向、战略目标，以及管控方法。通过价值创造流程的运作，最终将商业结果反馈到战略与管控环节，实现战略目标的落地和持续改进。③管理体系持续改进的闭环。企业的组织、文化、变革和能力支撑业务流程的高效运作，并通过业务流程的绩效评价管理体系成效。

在华为的流程框架体系中，将流程分为三个类别：

1. 运作流程（Operating Process）

客户主要价值创造流程，端到端的定义为完成对客户的价值交付所需的业务活动（what to do），并向其他流程提出协同需求。IPD（集成产品开发）、LTC（客户购买意向到回款）、ITR（客户问题到解决）。

2. 使能流程（Enabling Process）

响应运作流程的需求，用以支撑运作流程的价值实现。使能流程支撑运作流程高效运作，主要有开发战略到执行（战略管理）、资本运作、客户关系、服务交付、供应、采购和管理合作伙伴等方面的流程体系。

3. 支撑流程（Supporting Process）

公司公共服务基础性的支撑流程，为使整个公司能够持续高效、低风险运作而存在。支撑流程常见有人力资源、财经、变革、IT与业务支持等流程体系。

组织要充满活力离不开激励机制。从个体角度看，激励包括自我激励与外部激励。企业在经营管理中最有效的激励是通过组织激励来激活员工的自我激励系统，激发员工强烈的工作意愿，这种自觉的意愿是推动企业发展的强动力。任正非说："20多年来，我最重要的工作是选人用人、分钱分权。把人才用好了，把干部管好了，把钱和权分好了，很多管理问题就都解决了。"2014年9月，任正非在华为激励导向和激励原则汇报会上发表讲话，提出"获取分享制应成为公司价值分配的基本理念"，并对"获取分享制"做出高度评价："这两年人力资源贡献很大，提出来一个'获取分享制'。你赚到钱，交一点给我你才能分享，你赚不到钱活该饿肚子。获取分享制一出现，这两年利润增长很快，大家的积极性和干劲也起来了。"华为的"获取分享制"，是指任何组织和个人的物质回报都来源于其创造的价值和业绩。华为获取分享制有以下几个要点：

第一点：激励价值创造。华为是客户价值导向的 BSC（平衡记分卡）考核模式，包括利润、销售收入等财务指标，也包括客户、内部运营以及学习成长类指标。考核结果与奖金包挂钩，员工就很清楚为何而战，从而为之奋斗。第二点：平衡两个大包。股票包和奖金包的比例是华为每年都会反复测算、精心调整的，核心要保证拉车的比坐车的多。"获取分享"的价值分配理念就能驱动公司长期健康发展。第三点：坚决反对年终奖，强调过程奖。第四点：薪酬包下放。华为将奖金包额度全都下放给一线负责人，让他们有充分权力。

华为的价值主张是"力出一孔，利出一孔"，"力出一孔"是价值创造，"利出一孔"是价值分配。华为有一套完整的从价值创造到价值评价，再到价值分配的激励体系。华为从早年的"目标考核制"到"虚拟股权"，再向"获取分享制"转变，是华为激励体系不断完善的过程。正是这一套不断优化完善的激励机制，极大地激励着华为近 20 万员工顶着美国的打压，忘我地工作。

如同人的生命周期，企业有自身的生命周期。其具有阶段性，不同阶段有不同的问题，具有不同的特征。华为在 30 年的发展历程当中，组织能力是逐步成长起来的。华为的组织能力发展可以大致分为四个阶段。第一阶段，非正式的组织。华为最开始成立的时候是一家贸易公司，只有十几个人，组织也没有成型，管理边界也很模糊。对于这种阶段的华为而言，能力倒不是第一位的，意愿比能力更重要。大家是以一种创业者而不是打工者的心态在做事，混乱中却有无限的生机，公司发展得很快。第二阶段,优秀的职能型组织。随着业务与人员的增长,没有明确的管理要求,渐渐就无法适应发展了。所以华为逐步走到了基于企业发展所需要的功能构建的直线职能型组织。在垂直领域逐步走向专业化,效率也很高,命令一竿子插到底。它的缺点就在于跨部门工作运行效率比较低。在1998年以前,华为处于这样的一个阶段。由于华为的业务快速发展,人员膨胀很快。有大量的中高级管理干部任正非都不认识了,管理能力的成长滞后于业务的发展。第三阶段,跨部门的临时型团队。由于直线职能型厚重的部门墙,导致企业在解决很多时效性要求很高的问题时遇到困难,华为开始采用跨部门的临时型团队去解决。比如联合办公、专项改进组这种方式。这种运作模式的缺陷在于,对组长的权利要求高,这种类型的组织运作,项目本身并没有给主责人赋予太多的权利,不足以制约组内成员的行为,只能依靠项目组以外的权利来弥补。第四阶段,流程型组织运作。流程型组织是华为在学习西方公司的同时,根据自己的实践创造出来的。华为建立了基于业务流推动的流程型组织,实现上下对齐、左右拉通。这也是华为营销体系强大的奥秘所在。

华为据此形成了与其他公司差异化的竞争优势,那就是:矩阵式管理、流程型组织、授权行权监管的权利分配机制、三位一体的组织运作模式。矩阵式组织管理的优点很突出,就是强大的中央集权的控制模式,及与之匹配的超强的执行力。

矩阵式管理也有非常明显的弊端,一个是管理层级过多,另外一个就是多头管理,令一线无所适从。这也是很多企业矩阵式管理不能取得理想效果的重要原因。矩阵式管理并非华为的独创,为什么华为采用矩阵型管理能取得成功呢?华为构建流程型的组织,克服了矩阵式管理的弊端。流程型组织构建的一个依赖条件就是公司的执行力要够强,而这恰恰是矩阵式管理的优势，所以他们是互补的。流程型组织的最大价值是把后端由管理型组织向服务型组织转变。一线为客户提供服务，而后方是为一线提供服务，一线就是后方的客户。流程型组织的强大之处在于，把公司粗放的管理逐步清晰化，管理能力细化到一个一个具体的项目当中。华为能够把管理体系做到标准化，可以把管理能力进行复制。无论你的市场有多大，都会用复制的方式去覆盖它。很多公司没能力把管理体系做到标准化，所以也就无法摆脱对人的依赖。

我所尊敬的熊云桂老师有多年从事企业经营管理实践的经验，勤奋好学，工作之余还在研究成功企业的经营之道，不仅经验丰富，而且理论水平很高，他将他的研究心得编成了《赢在机制：企业成功机制"四维驱动模型"》。在本书中，作者用四章详细介绍了"四维驱动模型"。在第一章"决策——正确决策是有效管理的前提"里，作者通俗易懂地介绍了决策的本质、决策方法、决策过程和决策机制，提供了多种适用的决策工具与方法。决策是企业战略层面的事，管理研究表明，企业战略决策对企业成功占有 30% 的比重。

在第二章"运营——路径决定速度和效率"里，作者用经典的案例诠释了企业运营管理发展趋势、运营管理的主要原则、运营过程与流程以及运营运行机制，重点介绍了运营模式与 PDCA 管理方法。运营是执行层面的事，管理研究表明，运营与执行对企业成功也占有 30% 的贡献。

在第三章"激励——意愿就是生产力"里，作者详细介绍了激励的内涵与作用、多种激励方法和动力来源于激励机制的案例。管理研究表明，提高企业员工个体效率最佳的办法只有两种：一是激励，调动员工内在动力；二是培训，提高员工工作能力，而培训也是激励方式之一。激励员工是增强组织活力的主要组成部分，分好钱，让组织充满活力，对企业成功占有 40% 的比重。

在第四章"成长——把能力建在组织上"里，作者系统梳理了企业成长维度与发展阶段、企业成长度量、企业成长理论与企业成长逻辑架构，尤其重要的是在企业成长基础架构里，作者提出一个"企业成长四维机制"：内部经验的复盘与沟通、标杆企业学习机制、打造学习型组织和建立知识转化成生产力的管理机制。把能力建在组织上，企业就可以不依赖于"能人"。

第五章"实践——'四维驱动'的应用"，是全书的亮点所在。作者毫不吝啬地介绍了"四维驱动模型"整体逻辑、企业实施"四维驱动模型"的具体步骤，以及企业实施"四维驱动模型"自我诊断方法。

熊云桂老师在《赢在机制：企业成功机制"四维驱动模型"》中所提出的"四维驱动模型"——"正确的方向（决策），通畅的路径（运营），充足的动力（激励），持久的能力（成长）"，与华为的发展历程和所取得成功非常相符。本书通俗易懂，案例丰富，非常注重方法论，值得追求成长进步的中小企业家与管理者们认真阅读，我相信一定获益良多，是以为序。

深圳市南方略营销管理咨询有限公司董事长　刘祖轲

推荐序二

前不久通过 DBA 班同学介绍与熊云桂博士相识，我把尚为十几年发展的历程跟熊博士做了详细介绍，尤其是把创业过程中的一些管理理念和具体做法告诉了熊博。熊博从专业的角度一一做了点评，对尚为的管理给予了很高的评价。谈话中告诉我他正在写一本关于管理的著作，尚为的做法与书中的理念非常接近，是一个很好的实践，并邀请我给他的著作作序，我思考再三，愉快地接受了邀请。

中国经济经过几十年快速发展，随着经济体量的不断增大，已经成长为世界第二大经济体，增长速度从两位数逐步降到个位数，已经从追求高速发展逐步转变到追求高质量发展。在高速增长期，市场处在一种粗犷式发展期，作为创业者和企业家往往需要的是勇气，抓住行业发展机会，所谓的"清华北大，不如胆大"有一定的道理，因为市场处在不充分竞争阶段，需要有敢于下注的勇气与魄力。近十年以来，国家提倡"大众创业，万众创新"，市场商事主体不断增加，据不完全统计，正在营业的企业超过 3000 万家，个体工商户 4000 万家，而市场增量在减少，竞争主要聚焦在存量市场，竞争激烈程度明显增加，有些行业已经进入竞争白热化阶段。进入红海市场，再靠勇气和魅力，无法在竞争中胜出。要靠为客户提供更有竞争力和吸引力的产品与服务，而在产品与服务的背后是人，是团队，团队有没有核心竞争力靠的是管理和文化。三年企业靠运气，十年企业靠管理，百年企业靠文化，而管理是一门专业技术，人们天生就在做管理、学管理、用管理，但大部分人都没有经过系统的学习与训练，没有专业的管理理论指导，绝大部分创业者和企业家同样不是管理科班出身，是在创业和经营企业的过程中逐步摸索出来的一些管理经验和办法。或者通过到外界接受一些管理课程培训和 MBA 等的学习，拓展自己的管理知识，最起码越来越多的企业家意识到了学习系统管理知识的重要性。因为今天的竞争是职业化的竞争，业余选手很难成功，哪怕维持现状都做不到，市场上管理类的书籍也越来越多，但能真正解决管理问题的书籍并不多，我平常只看一些管理大师的经典原著，从中悟出管理的本质。

熊云桂博士提出管理的核心在机制，这是我高度赞同的观点，相信也是很多企业家的同感，可机制如何建立是重点，也是难点。企业在经营实践中也会建立各种机制，比如选人用人机制、培训机制、考核机制、淘汰机制、激励机制等。有些机制发挥了一定的作用，但往往也会带来新的管理问题，譬如《第五项修炼》中提出的缺乏系统思考。而熊云桂博士提出"四维驱动模型"的概念，是一种系统思考的体现，用汽车行驶的例子形象地描述了这个概念，车辆行驶首先要方向正确，而且根据路况要不断修正方向，也就是我们常说的打方向盘，道路需要保持通畅才能平稳行驶，发动机马力不够大提供的动力就不足，开不快，动力够了油量不够就开不远。发展中的企业犹如行驶中的汽车，不断修正方向盘的过程就是企业各级管理者不断做决策、选方向的过程，决策是企业管理者的核心职责，一件事的方向错了，这件事执行再好、效率再高也没有价值，甚至南辕北辙，适得其反。而一个大的企业战略出问题，可能导致企业直接死亡。所以决策者责任重大，而且往往管理的过程伴随着的就是决策的过程，所以决策不是一件事的行为，而是每时每刻都要做决策。"四维驱动模型"首先提出的就是决策机制，从决策的本质、决策的方法、决策的过程、决策分析工具进行系统阐述，最后形成决策机制，企业有了良好的决策机制，经营成功就有了希望和前提。而能不能真正取得成功，还要取决于如何执行管理，这个过程是企业运营的过程。于是熊博士从运营的过程与流程进行剖析，最后提出建立运营运行机制来保障战略决策能够落地，不管是决策也罢、运营也罢，都是人来完成的管理动作。做好一个决策，做好一件事的执行容易，而长久周而复始地做好就不容易、不简单，就要思考如何对人进行激励。于是熊博士提出了激励机制，从人性的角度思考动力从何而来、如何激励，从而在企业建立起适合的、动态的激励机制，给团队注入管理功能。这样从决策到运营再到激励基本上就完成了一个系统的管理机制。企业经营管理能够做到这三个方面基本上就能保证企业较好生存，而有理想的企业家往往不满足于企业的生存，大多数有抱负的企业家都希望企业能不断发展壮大，成为百年企业，成为行业领导者。这说明组织成长是每个企业家的管理需求，为了给予企业长期发展动力，就必须不断给团队和组织注入动能，这个过程熊博士称之为企业成长机制的打造。他提出把能力建立在组织上，从如何衡量企业成长、企业成长的理论、企业成长逻辑架构等方面，阐述如何打造企业成长机制，这个机制就相当于给汽车不断加油的过程，所以这个机制本质上就是加油站，至此就形成了一个完整的企业管理机制的打造。从管理职能进行分类，管理的四大职能是计划、组织、领导、控制，这是每一个管理者的基本职能，"四维驱动模型"中决策属于计划职能，运营属于组织职能，而激励和成长属于领导职能，所以从管理学原理角度来看，"四维驱动模型"符合基本管理原理，对管理工作有很好的指导意义。

最近，尚为对公司愿景进一步的具象化，设想到 2050 年用 30 年时间在企业内部将大批管理者培养成企业家、创业者。这是一项巨大的工程，这些管理者都不是科班出身的管理人才，都是在企业经营过程中各个岗位上优秀的实践者，他们有大量丰富甚至是成功的管理经历和经验，可是他们缺乏的恰恰是系统的管理理论架构。而熊博士的"四维驱动模型"正好能够帮助这些未来的企业家成为真正的管理者、经营者。我相信这本书对于想创业或正在创业的朋友或在各种重要管理岗位的人来说，都是一本有益的管理书籍，"四维驱动模型"是一个系统打造管理机制的实用方法。

尚为集团董事长兼总裁　胡兴

（管理学博士，河南理工大学客座教授，MBA 导师）

推荐序三

这些年有关企业管理方面的书籍可谓种类繁多，各种理念，各种方法，各论其道，各说其理。市场上关于企业经营管理之道、谋求创业成功的书籍，有的强调市场的重要性，提倡营销为王；有的强调研发的重要性，创新才是发展之道；有的强调人才的重要性，认为成功之道在于经营好人才。这些都各有各的道理，但又不乏片面执见，认为营销为王者，在产品创新力不够时，也难能持续发展；强调研发创新者，若不能有效营销，也只会是"深巷之中的酒"，难为人所知；若仅拥有优秀的人才，但战略方向错了，也会是南辕北辙。因此，创业者真正成功的很少，失败的却很多，很多人往往对企业经营成功之道缺乏高瞻远瞩的眼光、全局透彻的认识、科学系统的谋划。

本书从企业管理最为核心的要素——管理机制切入，通过理论、实践和丰富的案例，深入浅出地阐释了企业成功的机制模型。难能可贵的基于企业成功之道，进行宏大的构想，把企业成功因素明确定义为四个维度：决策、运营、激励和成长。正确的方向，指出了企业重大决策的重要性。方向在哪，需要深入理解社会环境的发展趋势，洞察行业市场变化的周期规律，踩准节奏，把握机遇，而且要适逢其时，太早也许会因发展条件不成熟而成为先烈，太迟又可能错失良机追不上末班车。纵观成功企业无不都是洞察形势，抓住了发展机遇。通畅的路径，企业如何实现战略目标，组织、职责、制度流程等如同铺路搭桥，形成企业运行的路径，路不通，方向再正确也难以到达理想的彼岸。组织执行的动力、持久成长的能力是企业成功不可或缺的保障，没有动力或能力缺失，也会是步履维艰，乃至驻足望洋兴叹。此四维者如桌之四脚，须统筹兼顾，方能行稳致远。"四维驱动模型"为创业者在追求成功之途中，提供了基于成功的系统思维方法，指导创业者应在四个维度层面做出正确的选择，避免目光短视、片面理解、局部发力、顾此失彼的问题。决策机制保证正确方向，运营机制保证执行路径与效率，激励机制保证组织活力和动力，成长机制保证组织能力和创新。"四维驱动"是衡量企业管理是否健康的关键指标，如构成木桶的四块围板，须齐头并进，平衡发展。

中国企业的成功，是中国经济成功的基础，也是中国梦实现的保障。本书反映了作者在中国企业管理方面敏锐的洞察、深刻的参悟和独到的见解，读后必有所得。

赵存厚

（博士，教授级高工，享受国务院政府津贴专家，曾长期从事中央企业管理工作和部属机关事业单位管理工作）

前　言

中国经济正处于发展转型升级阶段，从快速增长到平稳增长，从注重产量到注重质量，从价格敏感到价值敏感，从营销驱动到创新驱动，从注重效率到兼顾公平。重大变革时期催生了一个又一个"风口"的出现，给了企业快速发展，甚至弯道超车的机会，也造就了许多新型经济发展模式的异军突起。但正如雷军所言，"站在风口，猪都会起飞，但当风停息后，最先掉下的也是猪"。在某一种资产的疯涨之后，在某一种赚快钱的模式被追捧之后，在某一社会红利被透支之后，往往是满地狼藉。机会对所有企业来说是均等的，不会厚此薄彼，关键是有没有识别机会的战略眼光和抓住机会的实力，而能打造持续成长、永续经营的平台才是最本质的成功商业逻辑。

中国经济过去长期高速增长掩盖了企业粗放式管理存在的诸多问题，这种模式到现在已经不可持续，已到了必须精细化管理的阶段。法制越来越健全，市场越来越规范成熟，竞争越来越激烈，信息越来越透明，而市场"湖"中之鱼却越来越难捕捞。企业若还在使用过去那张破漏的管理之"网"，不思变革与创新，恐怕难以捕到精明的利润"小鱼"。

企业的成功长期看是管理机制的成功，管理机制是企业的核心竞争力。西方管理学理论在吸取一百多年来资本主义市场经济发展付出巨大代价的基础上不断创造、丰富、完善，为我们创建经济发展模式提供了许多

14

有意义的借鉴，为企业管理的发展与实践应用提供了许多至今还在普遍使用的方法与工具，这些方法论在本土企业尤其是华为这样的标杆企业中与中国特有的文化相结合，做了许多适用性的提炼与丰富，形成了具有鲜明中国元素的管理方法。西方管理学理论体系庞大，派别林立，仅与战略管理相关的就有 PEST 分析、SWOT 分析、波特五力模型、战略地位与行动评价矩阵、SCP 分析模型、战略钟、波士顿分析矩阵、GE 行业吸引力矩阵、三四矩阵、ROS/RMS 矩阵以及平衡记分卡等几十种战略管理方法与工具，更不要说运营管理与激励层面正方兴未艾的 KPI、OKR、阿米巴和股权激励等，可谓林林总总，并随着时代发展不断推陈出新。这些来自发达经济体的管理思想与方法在市场已渗透很久，曾几何时，中国企业跟风学习，把标杆企业的成功之道与某些管理理论关联，甚至奉若神明，不顾企业实际照搬使用，但当发现不对劲时，则立马换另一种方法，企图找到能使企业迅速发展的灵丹妙药。但事实证明大多成效有限，弄不好还带来负面作用，有些甚至走向了对立面，认为这些都是骗人的把戏。其实质是没有深刻领会管理的精髓，没有认识到企业本身发展的规律。事实证明，每一种管理方法及工具都经受了实践的验证，在某种程度上都是有效的，正如药品一样需要因人而异对症治疗，如果用错了药，不能怪药品本身。当然，请到了一知半解的大夫，也是会开错药方、损害身体。

尽管各种管理方法与工具多到眼花缭乱，但每一种都局限于某个角度、层面或局部发力，正如某种管理方法帮助企业挑选了一颗好种子，但没有告诉如何培育，或是告诉了如何培育，却忽略了过程中出现的不同天气影响，并没有着眼于企业成功的整体性与系统性。本书围绕企业成功机制这一主题，借鉴成功企业的通用方法，从企业纷繁复杂的事务中抽象出最基本的价值活动，从逻辑与哲学层面切割成不同功能模块，提炼出成功的必备要素，创建了企业成功机制的"四维驱动模型"。决策机制保证正确方向，运营机制保证执行路径与效率，激励机制保证组织活力和动力，成长机制保证组织能力和创新。决策、运营、激励、成长"四维驱动"是衡量企业管理是否健康的关键指标，如构成木桶的四块围板，须齐头并进，平衡发展。

"四维驱动模型"是打造企业竞争力的系统管理方法，也是系统行动工具。从决策到运营，再到激励，再到成长，是企业管理的四个关键模块，其内在逻辑一脉相承，相辅相成：决策的方向错了，运营的效率变成破坏力，激励没做好，组织乏力，前面做得再好，没有驱动力就不可能执行到位；成长不好，组织没能力，前面三个再优也没能力支持。四个重要支点构建起企业管理完整的闭环系统，缺一不可，可以说这是管理学理论的一次集成创新，有助于形成基于企业成功的系统管理方法论。

本书通过讲述要素原理，指出应用方法，解析操作过程，揭示底层逻辑，旨在帮助企业在管理实践中不在眼花缭乱的理论方法中迷茫，做到有的放矢，化繁为简，为企业日常经营管理提供科学系统的成功方法论，助力企业持续发展、永续经营。

作为东方思维对企业管理理论一次新的探索与重构，难免存在一些疏漏、逻辑上的欠严谨与错误，敬请批评指正！

目 录

1

引言 "四维驱动"定义了企业的成功之道

万物互联、万物数字、万物智能的时代正在来临，一切都在急速悄然变化中。知识爆炸式增长，技术迭代加速，信息交互共振的渗透性与延展性达到历史上前所未有的高峰。这一切让人有种一天不学习就有可能落后于时代的感觉。个人如此，企业也是如此。从某种意义上说，比竞争对手学得更快，创新能力更强，成为企业持续发展的竞争能力。学习成长的渠道和方法很多，而请"外脑"是现如今成功企业成长的一种较为有效的办法。华为曾经请过 IBM、埃圣哲、合益、波士顿、普华永道等全球顶级咨询公司，学习引进先进的管理思想。腾讯的成功同样得益于盖洛普、麦肯锡等咨询公司输入管理价值，并有常年的管理顾问对公司持续成长进行指导。企业应建立一种开放的吸能系统，把人类文明的成果转化成为我所用的现实生产力。

列夫·托尔斯泰曾说"幸福的家庭是相似的，不幸的家庭各有各的不幸"，同理，"成功的企业是相似的，失败的企业各有各的败因"，也就是说，企业的成功之道总是相似的。所有的企业自成立那天起无不是在追求成功，但为什么真正成功的企业很少，而失败的企业却很多？什么才是企业真正的成功之道呢？管理学产生的价值就是为了解决企业经营管理中遇到的问题，形成可持续发展的方法论，提高效益，从而使企业迈向成功。但管理之道也不是一成不变的，而是与时俱进中不断地演变与丰富。但在现实中，有一些企业开放程度不够，自我更新以及学习能力不强，甚至有些躺在过去成功的经验上一成不变，沿用旧有模式。在复杂多变的环境中，不思变革必然导致失败，这个时代唯一不变的主题就是"变"。

一、正确决策的重要性

大凡成功的企业首先是方向正确，符合社会发展趋势，切合了时代的发展要求，踏准了日益增长的生活需求变化节奏。新中国成立以来至21世纪初的社会主要矛盾是人们日益增长的物质需求与落后的社会生产力之间的矛盾，家庭电器化需求巨大，那时诞生了海尔、美的、格力等家用电器巨头；随着改革开放的进一步推进，农村劳动大军涌向大城市，异地通信需求增长迅速，诞生了华为、中兴等通信设备巨头；城市化进程的加速，城市住房需求暴增，迎来了长达20多年房地产的黄金时期，诞生了万科、碧桂园等地产巨头；互联网的兴起，改变了人们的生活，诞生了阿里、腾讯等互联网巨头。可见，时势造英雄，企业的成功，首先抓住了社会发展的时代机遇。因此，企业对于社会发展环境的分析判断能力，对于产业的洞察力，准确抓住发展中的机会，提炼出核心价值点，并形成行之有效的商业逻辑方案，是企业成功发展的前提。

但组织中大部分决策是不确定的，也是有风险的，甚至一着不慎全盘皆输。权威机构对1000家大中型企业倒闭的调查研究表明，企业倒闭85%的原因是企业重大决策的失误，或是投资方向错了，投了不该投的项目；或是盲目跨行业多元化扩张，企业核心竞争力得不到传承；或是一些重大经营决策失误。而决策失误的原因主要是没有建立科学有效的决策机制及相应的决策科学管理程序。

二、中国企业之忧思

中国梦的成功实现有赖于中国企业的成功作保障，国家的经济实力本质上是企业的成长发展能力。中国经济连年保持高增长的良好发展势头，引起了全球的关注，尤其是 2020 年疫情，中国经济在全球大国经济中是唯一实现正增长的。当我们为国家取得的经济建设成就而欣慰时，我们也看到了中国企业在全球的品牌影响力不是很强，在一些领域的关键核心技术还没有突破，导致美国以"卡脖子"的形式打压中国华为这样的高科技企业，企图遏制中国的发展。笔者在近 20 年的企业高管任职及管理咨询经历当中接触过无数的企业，深谙华为、腾讯等相对成功企业的管理变革过程，这些成功企业能很好吸收外来管理思想，并结合企业实际输入中国元素，成为行业的标杆及成功典范。同时也了解到一些行业巨无霸，因为战略决策能力的欠缺，内部管理混乱，导致突然崩塌，令人遗憾。当我们走进企业，尤其是中小企业时，我们为企业从业人员的管理素养与管理水准担忧。尽管我们的经济活跃指数很高，中国人民非常勤奋智慧，但我们的民族品牌，我们企业的健康度，企业内部的资产质量，企业治理水平，企业的创新能力、运营能力和员工的敬业度等与西方发达国家相比还是存在不小差距。

《中国民营企业报告》蓝皮书显示，全国大概有 3000 多万家比较活跃的民营企业，对国家税收贡献率超过 50%，对城镇就业贡献率超过 80%，国家对民营企业的发展一直非常重视，出台了许多支持鼓励民营企业发展的优惠政策。但现阶段在我国，民营企业的平均存活时间不到 2.5 年；生存到 5—10 年的企业，大概只有 7%；超过 10 年的企业大概不到 2%。也就是说，在中国的经济环境、企业现有人员素质及管理水准下，民营企业的存活非常具有挑战性，而且很难超过 10 年的极限。而在欧美发达国家，中小企业的平均存活期为 10—12 年，大型企业的平均存活期长达 40 年。为什么存在如此大的差距呢？

主要有以下两方面原因：一方面，与欧美发达国家相比，我国创业者文化素质总体偏低。欧美创业教育体系发达，大学普遍开设创业教育课程，并且应用型大学占比高达 80%，培养了具有实践能力的技术型人才。而我国盲目追求学术型人才培养，加上不少创业者缺乏企业家精神，妄图一夜暴富的心理，难以带领企业实现持续发展。另一方面，我国创新企业自我成长能力欠缺，没有形成较为完备的企业成长机制，企业决策能力、运营能力，及组织能力的建设相对较弱，职业经理人素质急待提高。企业普遍不善于利用外脑，缺乏常年经营管理顾问，开放性不够，遇到问题缺乏一整套系统的解决方案，企业成长到一定规模就遇到管理瓶颈，难于做到永续经营和持续发展。

三、衡量企业成功的标准

成功标杆企业成为行业中企业的学习榜样，然而如何判断企业的成功呢？有的以市场占有率，有的以增长率，有的以品牌知名度。而世界 500 强企业排名，则以企业年度产值来衡量，这些都是从财务角度来审视，以结果为导向，把财务属性作为唯一评判标准，并不能反映企业内在健康程度。殊不知结果是阶段性的、动态的，或是偶然的，抓住了某个机会，或拥有某种特殊的资源。尤其是政策垄断性企业，在某个阶段表现突出，却忽略了企业内在的健康与可持续发展的能力。

四、企业成功因素解密

大凡成功的企业首先是做对了方向,对产业的洞察能力很强,分析判断准确率高,决策能力强大;组织系统与战略目标高度匹配,企业运行机制通畅,运营能力强;企业员工的积极性高,有主人翁意识,具老板思维,激励机制能有效激活组织能力;企业创新能力强,经验不断被传承,创建学习型组织,对外界创新成果吸纳能力强,人才成长机制优良。综上所述,一家成功的企业在决策、运营、激励、成长四个维度上建立了良好的机制,达到了共生共荣。可以说机制是企业的软实力,也是企业的核心竞争力。

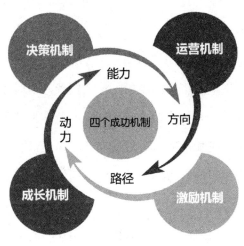

图1 "四维驱动"关系图

五、"四维驱动"的意义

改革开放政策至今有 40 多年,俗说"四十不惑",其已从幼稚走向成熟时期,也就是说幼稚期的上半场已结束,迎来了成熟期的下半场。上半场是在"摸着石头过河"中前进，开创人类历史上从未有过的中国特色的社会主义，没有现成的经验可学，没有成熟理论指导，一切在摸索中成形，在试错中完善。相关市场法律法规不健全，漏洞很多，可钻空子很多，投机取巧之风盛行，有时可一夜暴富，正如王健林曾说："什么清华北大，不如胆子大。"胆大敢于冒进，在快速增长的经济环境中造就了很多暴富的神话，那时甚至出现了读书无用论，土豪是那个时代的产物。社会增长是资产增长型，人口红利带来了城市化快速发展，靠土地、房产等固定资产升值可以坐享其成。粗放型的管理，落后的经营模式，被经济高速增长带来的丰厚利润掩饰了，企业对管理不善带来的问题不敏感。

随着不少领域产能的过剩，全球化竞争的加剧，资产泡沫的呈现，去杠杆防风险的客观要求，由高速数量增长期过渡到中低速质量提升期，由全面增长到局部升级优化阶段；尤其是科学技术迭代速度加快，信息化高速发展，互联网、物联网和 AI 智能等新型数字经济的快速发展，中国经济迎来了下半场。中国经济的下半场，将从资产升值时代，到资产运营时代，信息化的快速通道将加快技术产品更新的节奏，消费热点的停留时间变短，并让一切变得更加透明，商机的来源不再是信息的不对称，而是来自公平的竞争，来自资源能力的较量。但在任何商业环境下，竞争的不可能是个人，而是组织，即便个人的能力再强，也要通过组织成员间的协同作战，有正确的共同目标、互补的技能、相互间的配合协调、高效的运作，才能形成较强的竞争力。而这一切的形成，需要组织良好的管理运营机制作保障。可以说，没有机制的群体，就是一盘散沙，而个人的成功越来越表现为平台的成功。

第一章　决策

——正确决策是有效管理的前提

决策从小处说其实是一种选择，我们生活中无时无刻不在进行选择，今天吃什么，出门穿什么，今天时间怎样安排……似乎从醒来的那刻起就在面临各种选择；从大处说，你的人生定位、发展规划、职业方向等都是较大的人生决策。而正是这些各式各样、大小不一的选择决定了人的一生。企业也是如此，各种经营管理决策决定了企业的未来发展之路。著名的管理学家西蒙曾经说过，"管理就是决策"。企业管理其实是由大大小小的决策串联起来的，管理过程中，管理者需要做出各种决策，管理者的决策能力事关企业的生存和发展。为了实现既定的目标，管理者需要做出决策，决策的质量影响速度和效益。必须科学决策，而不是凭直觉或凭经验决策，盲目、武断和草率的决策危害极大。可以说不会决策，就不会管理。

第一节　决策的本质

一、决策的概念、要素和特征

1.决策的概念

"决"就是决定，"策"就是策略，"决策"就是决定策略。在企业经营管理当中有一条主线贯穿始终，那就是组织中各层级的权责划分，权就是在管理流程中的审核和审批权，审核是建议权，审批才是最终的决定权。狭义的决策指的是做决定和定方案，方案确定之后，决策也就结束了。而广义的决策则是指一系列决策过程中各个环节的综合，包括识别问题性质属性、确定行为目标、制定判别标准、提出备选方案、明确理论依据、广泛收集信息、分析和判断、确定方案和方案落地执行等，包括所有环节在内的整个过程都是决策。可见企业经营管理活动的每个环节都是由不同的决策组成，由多个小决策串联成最终的较大决策，相互间是一种逻辑推理或构成互为因果的关系，其中任一变量的变化都会引起关联的变化。决策本质上是多个变量解方程的过程，而且通常会有多个解，但要选择最适合的那个解，需要决策者本身对问题的系统认知能力，找出问题的本质，才能找到真正的解决办法。有位牧民发现自己的羊在夜里总会跑出去，有些跑远了被狼咬死拖走了，为此他不断加高羊圈，但羊似乎能力越来越强，不管加多高都会有跑出去的。他百思不得其解。有一天半夜醒来，他偷偷躲在一边观看，眼前的一幕让他惊呆了，原来羊圈的门有问题，一头成羊拱几下就可以打开。从这个故事可以看出，牧民对于羊跑出去的变量只抓住了羊圈的高度，而没有把多个变量列出来分析处理，没有抓住最关键的变量，导致他的决策失误。

2. 决策的要素

决策越难越有价值，越有价值也就越难，决策的价值与难易程度成正比，而能驾驭高难度决策的往往也是高人，因为有时关键的决策可以决定一个组织乃至国家的兴亡。刘备之所以说"孤之有孔明，犹鱼之有水也"，是因为诸葛亮与刘备的"隆中对"做出了三分天下最终完成统一大业的构想，其中不仅规划了事业蓝图，并且对实现的路径与步骤进行了详细的阐述，这个重大事业决策方案正是刘备梦寐以求的。可见决策的要素最重要的是决策者，因为事在人为，而决策的目标、方案和实施过程的评价与控制，是保证决策质量的有效手段。

一是决策者。决策者是决策的主体，具有选择方案和确定方案的主动性和能动性，是决策过程中的基本要素，也是关键要素，是执掌决策"方向盘"的操纵者。决策质量高低与决策者的综合能力休戚相关，决定着决策的成败。韩非子说："智者决策于愚人，贤士程行于不肖，则贤智之士羞而人主之论悖矣。"决策者必须是智者和贤者，才能做出正确的选择。需要指出的是，决策者并非专指某一个人，也可以是几个人或某一个集体。不论是什么属性和形式的组织，决策者应该是这一组织的核心成员。所以，常常有人说，企业之间的竞争其实质是老板之间的竞争，因为决策权在老板手上，老板是棋手，其他则是棋子。官渡之战时，曹操听说谋士许攸来降，连鞋都来不及穿，打着赤脚相迎；而袁绍对待许攸的劝告则是面露愠色，用甩棍打出。曹操深知许攸掌握了针对敌情的决策关键信息，对于他的来降自然感觉雪中送炭，而许攸偷袭袁绍的粮仓乌巢的计谋，是官渡之战曹操以少胜多的关键。

二是决策目标。目标即目的，决策标的物，决策要达到的指向物。制定决策目标十分重要，目标制定不当，决策便无价值。而制定目标的过程本质上也是决策的过程，目标要有科学依据和现实依据，不能意气用事，不能好高骛远，要基于现实和科学。比方说，制定企业的年度销售业绩，要根据企业的实际与市场情况，过高过低都不好，要刚刚好。目标一旦确定了，决策便有了明确的方向，方案便有了精确的量度标准，制定实施决策的措施便有了运筹依据。制定决策目标不可有误。

三是决策方案。决策方案指预选方案，针对决策目标，需要事先制定若干个不同的方案，以供筛选，好中选优。实现目标如同爬山，到达山顶的路径不止一条，有很多条路径可以选择。最短的路径很陡峭，好走的路径又很远，需要综合考虑，选择一条最优路径。企业决策时需要考虑到许许多多的影响因素，同一个目标，必然有多种行动方案可以选择，决策者要仔细分析判断，最终选择最优方案。同样的目标，最优方案的选择对不同企业、不同决策者是不一样的，这涉及方案优劣评价标准及价值取向。正如儒家的修身齐家治国平天下，与道家无为而治的选择是不一样的。

四是方案评价准则。对决策方案提出标准和原则，选择的时候应遵从什么原则，依据什么标准。根据价值观念或价值判断确立准则，比方说，决策的时候应该追求数量还是质量？应该追求速度还是稳妥？准则即决策的指导思想，绝非空洞的东西，而是决策的根本遵循，如同火车之于轨道。例如，华为的核心价值观之一是"以客户为中心"，华为的管理活动都是围绕着如何实现客户价值而开展，一切与客户无关的工作都是多余的，在这种思想指导下，华为的价值链都是围绕这个中心来设计，管理流程也是围绕这个中心在优化。

五是预案结果评估。每一种预选方案都会带来不一样的决策结果，分析预选方案的时候，很重要的一个环节就是对预选方案的实施结果做出预判，作为最终选择的重要依据。预判不能仅仅停留在直感的浅层次上，而要通过数据分析、科学推理和计算机模拟等予以证明。决策学有个名词"自然状态"，意思是"存在多种不定因素"。结果评估即对于自然状态的评估。为了防范风险，我们通常要考虑预案最差结果，做好最坏的打算，这是衡量我们能否承受风险的极限，一旦预案最差结果发生，不至于手足无措，也不至于伤筋动骨而一蹶不振，因为"留得青山在，不怕没柴烧"。

3. 决策的特征

任何决策都是为了达到一定的目的，满足决策者的需求，而决策的存在就是因为有别的途径可以选择，所谓"条条大路通罗马"指的就是到达罗马不同路径的选择，而这种选择又是系统思考的过程，因此决策有以下几个特征：

一是目标性。任何决策，不论大小，不论属性，决策目的必须十分清晰，没有明确目标的决策是无意义的决策，目的性是有效决策的要件。

二是选择性。假如只有一个方案，就无所谓决策了。决策只有在二选一、三选一和 N 选一的情况下才有意义。同一个目标，存在多种实现方案，这时候就需要在预选方案中做出选择，这个过程就是决策。决策的本质其实就是选择，由决策者在若干个策略中进行选择。

三是过程性。狭义上的决策指决策者一锤定音，而广义上的决策则指系统性的决策控制过程。决策并非孤立的封闭系统，而是大决策中包含许多小决策开放系统。万物都是运动的，古希腊哲学家赫拉克利特曾说：

"人不能两次踏入同一条河流。"所以说决策也不是静态的，而是动态的，是时间和空间的函数，随着时间或者空间的变化而要做出相应的调整和改变。决策是一个过程，而非时间截面。

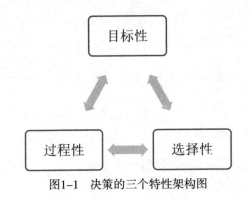

图1-1　决策的三个特性架构图

二、决策的原理

决策的本质是选择，选择的本质是求解。面对一个未知问题，或者遇到一个难题，试图求得克难制胜解决问题的办法。难题相当于一把锁，所要寻求的是能够打开这把锁的钥匙。俗话说，一把钥匙开一把锁，但对于决策而言，一把锁或许有许多钥匙，决策的使命就是从这些钥匙中筛选出最好用的一把。

有时候，存在无解的情况，也就是说找不到解决问题的办法。为了鼓舞士气，人定胜天的说法有激发斗志的作用，但对于科学决策而言，不能凭意气用事，一时找不到解决问题方案的时候，不能随随便便做出结论，而是要对决策目标深入调研分析，掌握尽可能多的信息，寻求最佳解决途径。

任何决策必须首先要确定目标，明确决策的目的是什么，分析目的的正当性、价值大小和可行性等。没有价值的目的，就没有决策的意义。

对于确实有意义且有高价值的目标，首先要围绕这个目标收集有关的各种情报信息，对情报信息进行分析、推理和判断。要在成百上千的影响因子中筛选出相关度较高的因子，通过分析这些因子，寻找因果关系，找到解决问题的办法。

决策过程中，收集情报信息十分重要，尽可能掌握足够多的相关联信息。决策正确与情报信息密切相关，美国企业家 S. M. 沃尔森曾说过："一个成功的决策，等于 90% 的信息加上 10% 的直觉。"历史上的所有战争决策无不证明情报信息的重要性，谍报之战有时胜过真正的战场，就是因为谁掌握了情报信息，谁就占据一定主动权和优势。

掌握了充分的决策信息还不够，还需要有正确的决策方法，要懂得提炼和利用有价值信息，通过信息研判构建正确的方法，制订行之有效的方案。

因此决策的本质就是，决策目标 = 情报信息 + 方法 + 方案。

三、决策的制约因素

1. 决策所处环境影响

决策不可能在真空环境中进行，总是处于特定环境中。与决策目标相关联的各种因素都会影响到决策倾向、过程和结果。影响最大的除了物理硬环境，还有各种类型的软环境。比如，国家政策、社会文化、市场、技术、资本和企业内部等。这些环境并不是静止不动的，而是处在动态变化当中，并且相互交织影响。孙子曰，"兵无常势，水无常形，能因变化而取胜者，谓之神"，体现了用兵作战要根据敌情变化而采取灵活机动的战略战术，决策因环境变化而变化。在市场经济环境下，国家政策会影响市场表现，而市场活跃度又牵引资本参与度，行业景气程度又影响所有参与者的信心与情绪变化，这些因素都会对决策产生重要影响。

2. 决策定势和惯性影响

不论个人还是组织，做决策时总会存在一定的思维定式，受到特定的"三观"影响，尤其受到以往决策的影响，不知不觉中总会沿袭之前的决策习惯。决策的沿袭性，利弊共存。保持决策的承袭性有利于积累成功经验，但同时也有可能阻碍决策的创新，从某种意义上说，过去的经验有时会成为前进路上的绊脚石，因为过去的经验是过去环境下的产物，当环境变了，还沿用过去的经验，无异于刻舟求剑。因此，具体决策要具体情况具体分析。

3. 决策者风险意识影响

未来只能预判，不可能确知。正如任正非所说："方向大致正确，在探索不确定的未来时要多路径、多梯次、饱和攻击；大公司在研究上不能采取赌一种选择的方式，这是小公司资源不足的方法，大公司是对多种可能性分别投入一定的资源进行探索性研究。"可见任何对于未来的重大决策都是具有不确定性的，都是伴随着风险的，不存在没有风险的决策。投资决策中，有许多大家熟知的话，如"风险越大，收益越大"，"不要将鸡蛋放在同一个篮子里"等。华为的研发费用占全年销售收入的15%以上，就是加大对未来不确定性的研究。决策的本质就是风险决策，"没有风险还需要决策吗？"说的就是决策与风险的关系，决策的不确定性决定了决策的风险与价值。如何在决策中做好风险控制，每个人的想法不同。决策者对于风险的认知不同，风险观念不同，做决策时会受到主观风险意识的影响。

4.所处组织文化的影响

每一个组织都有其独特的价值观，价值观左右着组织思维。毋庸置疑，价值观严重影响决策。创新氛围浓，思想开放，喜好新生事物，这样的组织文化有利于做出积极进取、求新图变和勇于开拓的决策。偏向保守，追求稳妥，这样的组织文化之下，决策也偏于保守，会坚持稳妥第一原则。前者快步积极前进容易抓住机会，后者慢步稳健前行容易错失机会，但孰优孰劣不可一概而论，正如想获高收益就要承担高风险。在面对变化多端、竞争激烈、增长率放慢的市场，稳健型决策往往能够笑到最后，成为最后的王者。房地产、互联网金融和投资基金等这些容易暴富的行业在最近几年洗牌力度很大，一批批激进冒进决策型企业相继倒下，正应了那句"当潮水退去后，才发现真正裸泳的人是谁"。所以最容易出问题的是积极型决策者，而稳健型决策也许发展会慢一些，但能活得更长久。而推动社会前进的往往是积极创新的力量，保守型的却容易被时代抛弃。因此，应辩证地看待不同的决策风格。

四、决策的类型

1.按照重要性、影响性、期限性分类

①战略决策：战略决策指极其重要的、全局性的和长期性的决策。如，确定企业使命、总体战略、中长期性目标、经营指导方针，产品研究开发，技术升级更新，组织结构变更，人才战略和营利模式等。

②战术决策：战术决策是相对于战略决策而言的，指局部的、短期的和具体的生产经营类决策。如，制定短期管理规划、生产计划、项目计

划，临时筹集资金，新产品营销和制定阶段性员工招聘计划等。

③业务决策：业务决策指日常的、临时的、琐碎的、具体的作业计划，存货控制，营销安排，部门内部工作调整等。

不同类型的事项由不同的管理层决策，这就是分权管理。企业高层要抓大放小，重点关注战略层面的决策，战术层面的决策交由企业中层负责，而企业的各项具体业务工作决策权则授予基层管理者。任何组织只有通过明确的权限划分才能做到既保证决策质量，又确保执行效率。

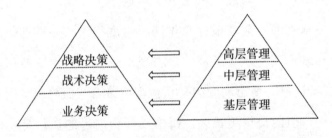

图1-2　分层决策示意图

2.按照涉及问题的条件分类

①确定型决策：各种备选方案只存在一种自然状态。决策者对于决策结果所要发生的情况完全掌握了解，可以直接比较确定的各种结果，优选最佳方案。比如100斤稻谷可以碾出大约70斤大米，结果是相对确定的。确定型决策又分为单纯选优法和模型选优法。

②不确定型决策：与确定型决策相对应，指各种备选方案存在两种或两种以上的自然状态，每种状态的发生概率无法预估。这种类型的决策与风险型决策有点类似，不管如何决策都存在较大风险，决策难度大。与风险决策不同的是不论最终选择哪种方案，结果都不可预测。不确定型决

策的思维准则有保守法、等可能性法、冒险法、乐观法和最小最大后悔值法等。

③风险型决策：备选方案存在两种或两种以上的自然状态，每种状态的发生概率可以预估，例如抛硬币，正反两方面的概率各为 50%。不论最终确定哪种方案，都要承担一定的风险。风险决策的方法很多，如概率法、确定当量法和决策树法等。决策者的风险态度不同，有三种表现：风险厌恶、风险中性和风险偏爱。风险决策的准则：满意度准则、最小方差准则和期望方差准则。

3.按照重复性分类

①程序化决策：程序化决策又可称为常规性决策或规范性决策。这类问题常以类型的形式出现，这类决策有章可循，有法可依，决策者只要按照以往的经验，按照一定的程序和处理方法即可做出决策。如员工入职怎样办理，按流程办就可以，是规范性的操作。

②非程序化决策：与程序化决策相对应，指遇到不重复出现的问题、无法套用现成程序处理的问题，这时的决策即是非程序化决策。非程序化决策变量关系不确定，无法建立数学模型。非程序化决策考验决策者应对突发情况时的思维处置能力，考验决策者的智慧。

4.按照目标数量分类

①单目标决策：指要解决的问题只有一个目标指向，评价指标只有一套，依据评价指标值，在备选方案中选择最优方案。

②多目标决策：同时存在多个目标，需要有多套评价指标来分析判断，目标之间存在冲突，很难简单选定最优方案，需要借助特殊的决策方法进行选择。

5. 按照决策者多寡分类

①个人决策：由一个人做出决策。

②集体决策：多人参与进行决策。

6. 按照时间和期限分类

①初始决策：所谓初始，即之前从未有过类似的决策。指对于未遇到过或未从事过的事件进行决策，确定全新的目标和方案。这类决策为今后类似的或后续的决策奠定基础，确定基调。

②跟踪决策：对应于初始决策。基于初始决策，决策者依据事件条件的变化而对方案进行调整。或者，假如初始决策是宏观决策，那么接下来需要进行中观微观决策，进行细分。事物总是处于不断发展变化中，一成不变是刻舟求剑思维，环境条件变了，方案也要跟着微调。跟踪决策不但是决策方法，更是认识和对待事物的思维方法。如表1-1所示。

表1-1　决策类型归总表

按照重要性、影响性、期限性分类	按照涉及问题的条件分类	按照重复性分类	按照目标数量分类	按照决策者多寡分类	按照时间和期限分类
战略 战术 业务	确定型 不确定型 风险型	程序化 非程序化	单目标 多目标	个人 集体	初始 跟踪

以上从不同角度对决策进行了分类，便于进一步认清决策的本质，把握决策的内在规律。在实际应用中，各种类型决策不是孤立存在，而是相互联系、整体出现。如某个战略型决策，又是不确定型的，也是非程序化的，需要集体决策，同时对决策执行要进行跟踪，动态调整，以达决策效果最优化。

五、决策的原则

1. 社会性原则

决策必须符合所处的社会价值观念，不能违背国家的政策法规，不能损人利己，应自觉遵守社会道德规范，遵守法律法规。

2. 效益性原则

以较小的代价获取较大的成果。效益指综合效益，不能仅仅追求经济效益而忽视其他效益，包括社会效益、环境效益和生态效益等。

3. 整体性原则

视决策对象为一个整体，研究这一整体的系统性特点，分析把握系统内部各部分的关系。

4. 可行性原则

不论是确立目标，还是制定实现目标的措施，都要考虑到客观实际，不能脱离现实凭空想象，要实事求是，要有实现可行性，尤其是制定目标的时候，不能好高骛远"放卫星"。制定的方案措施要符合客观条件，考虑实际能力和资源，不能以"人定胜天"为由忽略客观条件。

5. 民主性原则

决策者要发扬民主，集思广益，调动组织成员的参与热情，善于依靠集体的力量，善于激发群体智慧。

6. 科学性原则

决策要以科学理论作为依据——不论是自然科学理论，还是社会科学理论。分析判断的推论依据不能建立在虚假的观念基础之上，错误的论据得出的必然是错误的结论。

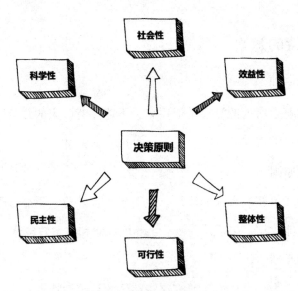

图1-3 决策的原则示意图

决策原则是我们进行各种决策时必须遵守的基本指导思想，确保决策既能兼顾各方利益，又能更加准确有效。例如：要在某地投资一个城市综合体项目，首先要考虑是否符合城市功能规划要求，符合当地的法律法规；第二要考虑是否可行，人流、车流、物流的配套与便利性；第三要考虑效益，当地市场容量如何，投资回报周期怎样；第四要考虑本项目在企业整体投资中的安排，对其他项目有没有影响；第五要考虑决策的依据何在，信息是不是充分，有没有进行市场分析和竞争分析；第六要在决策时发扬民主，集思广益，听取市场、运营、投资和项目等不同部门的意见，体现决策中的民主性原则。

六、决策的标准

什么才是一个好的决策，衡量的标准是什么？可以用三个标准来衡量。

1. 最优标准

最优标准是假设中决策的一种理想状态，现实中难以出现。只有在完全理性的前提下，在完全掌握了相关信息的情况下，才有可能实现；尤其是对于那些比较复杂的问题，最优标准不可能实现。因为优与劣是相比较而言，当做出一种选择时，另一种没有选择机会，就不能得出是不是更优的结论。正如人体内精子与卵子结合，无法判断这一个精子就是最优的，因为其他的没机会，不可能进行对比，除非对每一个精子都进行细致的分析排查，也许可以找到最优的，但现实中不可能这样做，而现在的医学也不一定能选出最优的精子，当然这颗精子是相对较优的，因为它跑得比较快。

2. 满意标准

任何决策都不可能是完全理性的，也就是说，决策不可能完全建立在科学分析基础之上，总会带有个人的主观判断。美国经济学家肯尼思·阿罗提出"有限理性"的概念。他认为，人的行为都是理性的，但这种理性又是有限的。也就是说，人的行为不完全是理性的，总有感性存在。赫伯特·西蒙认为，决策要选择的仅仅是"满意"的结果，而非"最优"。环境的复杂性决定了不可能穷尽所有信息，不论获取了多少信息，总会存在许多不确定性。人不可能无所不知、无所不晓，人的认识能力总是有限的。

3. 效率标准

物理学中，效率指的是单位时间里所做的有用功。管理学中，效率指的是有效使用资源，获得最大愿望和需求。在特定时间内，投入与产出的比率关系。效率是衡量竞争力的重要指标，决策时常常以效率的高低作为选择的标准。只有高效率，才能保证企业高速发展，取得竞争优势。

最优仅作为理想目标追求，是心目中认为的最优，现实中不存在最优，因为只有一种选择对应的一种结果，对于没被选择的，其结果只是假设，正所谓没有最好只有更好，通常没有得到的或没去实现的会被认为是最好的。正如人生一样，充满很多遗憾，因为每个人不可能选到最满意的伴侣，只能想象也许有一个最满意的存在，只是自己没遇到。可以说，最优是一种梦想，真正的现实是内心的满意，有个满意的结果，而满意的也必然是有效率的，不然谈不上满意。

图1-4　决策标准示意图

◆ 案例：决策的重要性

区政府领导拟将一长期亏损的国有副食冷库基地改造成一个副食品批发市场。为此进行了一系列前期准备，包括项目审批、征地拆迁和建筑规划设计等。不曾想，外地一开发商已在离此地不远的地方率先投资兴建了一个综合市场，而综合市场中就有一个相当规模的副食品批发场区，足以满足附近居民和零售商的需求。面对这种情况，区政府领导陷入了两难境地：如果继续进行副食品批发市场建设，必然亏损；如果就此停建，则前期投入将全部泡汤。

此案例反映了领导决策中信息原则的重要性。造成这种两难境地的主要原因是没有很好地坚持领导决策的信息优先原则。信息是决策的基础，充分、及时、全面和有效的信息是科学决策的前提。某区政府领导在决定副食品批发市场项目之前，显然缺乏全面细致的市场调查，不了解在建的综合市场，特别是其内部的副食品批发场区。因此盲目决策，匆忙上马，陷入困境。

此案例反映了追踪决策的重要性。当原有决策方案实施后，主、客观情况发生了重大变化，原有的决策目标无法实现时，要对原决策目标或方案进行根本性修订，这就是追踪决策。

走出两难境地的方案，可以有不同的思路。比如，一种是迎接挑战，继续兴建。但要调查研究，对原决策方案进行修订和完善，使得所建批发市场在规模、设施、服务和管理等方面超过竞争对手，以期在市场竞争中获胜；另一种是及早决断，对原决策方案进行根本性修订，重新考察、确立和论证新的项目，实行转向经营。

第二节　决策方法

一、定性决策方法

定性决策区别于定量决策，"性"即属性、性质和类型等，"量"则是十分具体和确定的数值。定性决策依赖于决策者的知识和经验，判断的衡量标准是被人们普遍认可的道理、原则和真理等，以事实为依据，运用逻辑演绎等科学思维方法，得出结论。

定性决策的优点是短、平、快：短——简便灵活，平——直接快捷，快——迅速做出决策。而缺点也显而易见，定性决策受主观因素影响大，常常不能反映客观真实，决策失误率较大。定性决策适用于非程序化决策、宏观决策和战略性决策等综合性决策。这类决策存有较多的不确定因素，易受环境影响。

1.德尔菲定性决策法

第一步：确定决策目标。

第二步：选择相关专家，组建专家小组。

第三步：多轮信息征询。

①第一轮：各位专家提出各自的决策意见。

②第二轮：归纳汇总第一轮信息，向各位专家反馈。

③第三轮：各位专家对自己的决策再次评估。

④第四轮：评估第三轮的决策信息。

第四步：意见一致，得出结果。

德尔菲定性决策法的优点是各位专家独立思考，互不讨论，按照自己的想法得出结论。多轮信息收集之后，反馈给每一位专家，反复形成交互影响。经过几轮信息的收集和反馈，最终意见越来越集中。

2.头脑风暴定性决策法

第一步：参与决策的所有成员畅所欲言。

第二步：分析每一位成员的每一个观点，逐步剔除明显有问题的意见。

第三步：筛选出成员一致赞同的决策结果。

头脑风暴定性决策法需要完全民主开放的态度，发表意见时畅所欲言，言者无过，言多益善。相互不做出尖酸刻薄的评价，只剔除补充完善的意见建议。各种奇思妙想就像暴风雨一般倾泻出来，有利于激发出上佳方案。这种决策方法简单易行，可广泛应用在企业经营管理当中，由相关人员组织小组进行讨论，通过头脑风暴法，不仅可以做出较优的选择，提高成员的参与性，同时使成员对后续的决策方案理解到位，避免出现偏差。

3. 哥顿定性决策法

第一步：召集参与决策的人员开会，会上笼统介绍需要决策的有关情况。需要注意的是介绍越模糊越好，不提决策主题，避免先入为主，利于集思广益。

第二步：自由讨论，随便发表看法。

第三步：主持人提出决策主题，大家进一步讨论。

第四步：经过深入研讨，综合各种意见，得出最终结论。

这种方法比较适合于较为大胆的创意，先不确定主题，想象空间大，讨论边界不明确，在空间打开后，中间再明确主题，有可能出现破界的创意。传统意义上，厕所是藏污纳垢的地方，但有人把厕所创意成各种花卉集聚地，不仅让鲜花的芳香驱散臭味，而且让人赏心悦目，把厕所变成一种美的体验。

4. 点子会议定性决策法

一台电脑主机配备多个同步显示器，参与决策的人员在各自的显示器上输入自己的见解。每个人都能看到别人的意见，但不知道意见的提出者是谁。最后，对于提出的各种方案进行匿名投票表决。这种决策方式的优点是完全排除了人际关系影响，可以完全按照自己的观点发表意见。

二、定量决策方法

定性决策属于模糊性决策，相比定性决策的模糊性，定量决策的决策边界则比较清晰，定量决策建立在科学数据基础之上，剔除了决策中的主观性。定量决策的缺点是决策的操作过程完全"机械化"，存在一些影响决策的因素无法量化的问题，定量决策完全没有弹性，这也带来一些问题。定量决策适用于具有重复性特点的程序化决策，以及战术层面的具体业务决策。

1. 线性规划决策法

利用线性等式或不等式，求解目标函数的最大或最小值，这种方式称为线性规划决策法。

第一步：确定决策变量，即影响决策的因子。

第二步：列出目标函数表达式。

第三步：列出实现目标的约束条件。

第四步：找出线性规划问题的解。

2. 盈亏平衡分析法

盈亏平衡分析法是通过盈亏平衡点（BEP）分析项目成本与收益的平衡关系的一种方法。各种不确定因素（如投资、成本、销售量、产品价格和项目寿命期等）的变化会影响投资方案的经济效果，当这些因素的变化达到某一临界值时，就会影响方案的取舍。盈亏平衡分析的目的就是找出这种临界值，即盈亏平衡点（BEP），判断投资方案对不确定因素变化的承受能力，为决策提供依据。

3. 期望值法

期望值法是通过计算项目净现值的期望值和净现值大于或等于零时的累计概率，来比较方案优劣、确定项目可行性和风险程度的方法。

4. 决策表法

用表格描述决策问题的一种方法，这种表格也被称为决策矩阵。所谓决策表是指一个以行、列形式来描述和表示决策规则和知识信息的表，如果决策问题的后果是用损失的费用表示，这个表也被称为损失矩阵。

5. 决策树法

以树形图为方式，以最大期望值为准则，由决策点、决策分支、方案结点、概率分支和结果点五要素组成决策方案。

6. 大中取大法（乐观法）

决策者对未来持乐观态度，认为未来会出现最好的情况。决策时，对各种方案都按照带来的最高收益考虑，通过比较，哪种方案的最高收益最高，就选择哪种方案，这种决策方法称为大中取大法。

7. 小中取大法（悲观法）

决策者对未来持悲观态度，认为未来会出现最差的情况。决策时，对各种方案按照带来的最低收益考虑，然后进行比较，哪种方案的最低收益最高，就选择哪种方案，称为小中取大法。

8. 最大最小后悔值法

决策者在选择了某一个方案后，如果事后发现客观情况并未按自己预想的发生，会为自己事前的决策而后悔。最大最小后悔值法，即最小最大后悔值法，也叫最小遗憾值法，是一种根据机会成本进行决策的方法，它以各方案机会损失大小来判断方案的优劣，即首先计算各方案在各自然状态下的后悔值，并找出各方案的最大后悔值，然后进行比较，再选择最大后悔值最小的方案作为选择方案的一种决策方法。

9. 机会均等法

将各种自然状态出现的可能性等同看待，概率均为 1/N，并依此计算期望收益值，从中选出最佳方案的方法。这是一种折中的决策方法。

定量决策方法应用了数学统计分析原理，在数据处理时相对比较专业，具有严密的逻辑性，需要有真实且比较全面的数据支持，数据的质量决定了决策的质量。

◆ 案例：波音公司"金蝉脱壳"

波音公司建于20世纪初，是以制造金属家具发展起来的，之后转向专门生产军用品。第一次世界大战期间，波音公司设计并制造了C型水上飞机，由于该机种兼具巡逻艇和教练机的双重功能，颇得美国海军青睐，一下子就订货50架之多。刚从事军工生产的波音公司顿时在飞机制造业中成了一个有分量的角色。可惜好景不长，战争结束了。

美国海军取消了尚未交货的订单，整个美国飞机制造业陷于瘫痪状态。波音也不例外，陷入了"死亡飞行"中。1920年，波音公司亏损20万美元，部分雇员不得不重操旧业，靠制造金属家具艰难维持。该公司创始人威廉·波音并没有因此垂头丧气，而是进行了深刻的反思。造成"死亡飞行"的原因虽然有形势大变的因素，但也是自己过分依赖军方的结果。他果断地调整经营方向并采取了相应的措施：一方面继续和军方的联系，随时了解军用飞机发展的趋势和军方的要求，以避免其他飞机制造商乘虚而入；一方面考虑到军方暂时不会有新的订货，完全可以抽出主要的人力、财力，开发民用商业飞机。

为了保证这一策略的顺利实施，还必须吸收、培养人才。从此以后，波音公司注意吸收培养人才，并授予他们充分的权力，把主要的力量投入民用飞机的研制，从单一生产军用飞机的旧壳里脱颖而出。战后经济的复苏刺激了对民用飞机的需求，波音公司推出的40型商用运输机中，波音

707、727 客机正好满足了市场的需要，从而冲出了"死亡飞行"。以后又陆续出了波音 737、747、757 和 767，同时替陆军、海军和海军陆战队设计制造了各式教练机、驱逐机、侦察机、鱼雷机、巡逻轰炸机和远程重型轰炸机等，波音公司日益壮大起来。该公司如果不"金蝉脱壳"，摆脱单一军用飞机的经营，就无法冲出"死亡飞行"，那只有飞向死亡。"金蝉脱壳"这一谋略，是企业适应环境变化，调整投资方向，摆脱困境，走出低谷的有效招数之一。

第三节　决策过程

决策过程就是实践的过程，决策的本质就是实践。决策的过程就是"决策—执行—再决策—再执行"的过程，执行是决策方案的实施环节。决策的目的是得到执行结果，反过来，在执行的过程中检验决策的正确性。再决策即追踪决策，在原来的决策执行过程中出现新情况之后，调整原方案，依据实际情况制定新方案。这样一个全过程即是决策的过程，包括提出问题、确定目标、方案优选、确定方案和方案实施等一系列重要环节。

一、诊断——确定目标

第一步：诊断问题。

诊断问题包括两个方面，一是发现问题，二是分析问题。发现问题即在调查研究的基础上，了解事实真相，掌握客观状况，与定好的标准进行对比，分析对比结果，发现存在的问题。分析问题即分析所要决策的问题，判定问题的特点如属性和范围等，做出准确清晰的识别，进而分析产生问题的根源。

第二步：确定目标。

一是提出要达成的最大的目标、最重要的目标；二是依据自身具备的各种资源，分析是否能够保证达成这样的目标；三是所制定的目标能否进行衡量，以及衡量的标准是什么；四是确定目标的时候，要留有一定的弹性或余地，以便于在情况发生变化的时候，能够随时对目标做调整。

◆ 举例：老鼠给猫挂铃铛

老鼠开会研究怎样应对猫的袭击。一只老鼠提出给猫脖子上挂一个铃铛，这样猫行走的时候铃铛就会响，听到铃声不就可以及时跑掉了吗？大家公认这是一个好主意。可是，由谁去给猫挂铃铛呢？怎样才能挂得上呢？这个寓言故事中，老鼠讨论的问题是如何应对猫的偷袭。针对这一问题提出了一个方案，即在猫脖子上挂一个铃铛，接着就出现了第二个问题，即由谁去挂铃铛，怎样去挂铃铛。这个过程即是决策的诊断过程。

二、设计——拟订方案

目标确定之后，决策过程进入方案设计阶段。设计方案需要把握两个基本原则，一是方案的整体性原则，二是方案的相互排斥原则。方案的数量视具体情况而定，没有上限，不少于两个。方案数量越多，筛选的余地越大。另外，每一个方案都必须完整，形成思路和执行的闭合系统。同时，各个方案要不同，有明显的区别。除了这几个需要遵循的原则之外，还要遵循由近及远、由简到繁、由易到难和由快到慢的原则。先设计简单的、容易执行的方案，再设计复杂的、难度比较大的方案。先设计出基本的方案架构，再逐渐修改完善。先设计近期目标方案，再设计中远期目标方案。设计方案不能先入为主，不能墨守成规，要发挥想象力，另辟蹊径想问题，发挥创造力。

三、选择——筛选方案

方案设计好之后，接下来就要分析对比各种方案，从中选出最佳方案，这一过程称为决策的选择活动。需要对每一个方案进行评估，提出其优点和缺点、长处和不足。逐一评估之后，进行相互比较。就企业决策而言，评估的时候，一要评估方案在技术上的先进性；二要评估方案运作的经济性以及方案执行结果所获取的利益上的合理性；三要评估方案在生产上的可执行性。评估的常规方法无外乎这样一些：一是依据以往的经验进行判断；二是定量评估即数学分析法；三是试点法或实验法。

四、执行——评估效果

经过以上步骤，最终确定方案之后，接下来就进入方案的执行阶段。方案执行也属于决策过程，不能认为决策方案已定就万事大吉，而要在方案的执行过程中跟踪评估方案的实际效果，并根据实际效果对原来的方案进行调整，以取得结果的最佳满意度。

◆ 案例：成功企业的大胆下注

企业家不仅应是谋略家，还应是有谋略的冒险家。在生意场中，只要看准机会，就要敢于决策，"大胆下注"。成功的老板，常常会发动果敢的变革或投资行动，有时几乎是以公司命运作赌注。这些行动风险极高，不少是在公司发轫期想要巩固自己的市场地位时采取的。

美国安全克伦公司总裁唐纳·布伦曼决心使自己的公司成为全国性公司，他在 18 个月的时间里，在全国各地开辟了 100 多条新线路，借以抢先占有全国的市场。另一个相似的例子是美国共同医疗系统公司的首脑詹姆·麦卡勒，他在公司创立的头两年，敢于投入资本额的 90% 在电脑系统方面，以巩固公司和最大客户的关系，进而建立和形成对其他客户提供优质服务的能力。

也有一些公司是在发展的十字路口上，冒险下决心，改变方向。美国企业家迪米屈·狄埃拜洛夫为了促使本公司有更大的发展，投巨资吞并了合众水质公司，使米利坡公司在材料分离技术方面成为全美最大厂商。

还有一个生动的例子：美国契尔登公司的鲍伯·契尔登总裁，他在1965 年到 1966 年间投下 850 万美元，进行信用档案资料的全面电脑化。当时这家公司的年营业额与之比较起来实在很小，鲍伯愿意赌一下，因为他知道这项投资可以极大地扩充资料处理能力，使得任何一家竞争对手都无法匹敌。鲍伯的赌注终于赚回来了。客户对该公司的能力给予很高的评价，公司的收益急剧上升。80 年代初期，契尔登又一次在系统方面投入一大笔资金，花费 450 万美元用于程序的重新设计，大大提高了客户取得资料和操作的能力。现在，契尔登已成为全美消费者随时保持最新信息资料的最大档案管理机构。

大胆下注并不等于蛮干。对于成功的企业家来说，敢冒风险的前提是明了胜算的大小。调查表明，那些敢于大胆下注的企业家在决定采取冒险行动之前，无不是经过慎重的调查分析，确定周密的行动方案（计划）以及与之配套的应变计划。

第四节　善于应用各种战略决策分析工具

战略型决策往往决定企业的发展方向、企业竞争方式和商业模式，涉及投资项目的成败等重大事项，可谓事关企业生死存亡大计。为此，西方管理学把企业发展战略作为重大课题进行研究，创造了大量的相关管理方法与工具，涌现了一大批擅长企业战略咨询的管理公司。这些方法与工具经过时间的检验，有一定可信度，可以作为制定战略决策的重要方法论。下面介绍几种作为参考：

1. 如何提炼关键决策信息

情报信息是影响决策质量的重要因素，在决策中有个基本原则就是信息真实全面，但现实中的信息量往往是巨大的，有价值的信息通常混杂在相对无价值的信息之中，如何在"沙粒中淘金"，把与决策相关的重要信息提炼出来，从而探寻规律，捕捉到未来的机会点，并结合企业自身的能力与资源，制定切实可行的战略决策？

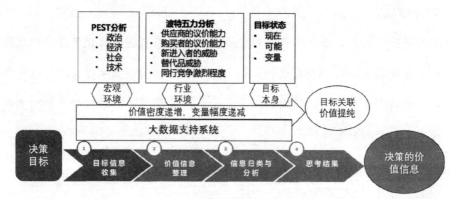

图1-5　决策信息分析示意图

根据当今普遍适用的企业战略决策分析工具，构建战略决策的有效信息提炼模型。

先从宏观环境分析开始，因宏观严重影响甚至决定中观与微观的发展趋势。宏观环境分析常用PEST分析模型，包含四个维度：P是政治（politics），E是经济（economy），S是社会（society），T是技术（technology）。因决策目标的性质不同，与政治、经济、社会和技术四个维度的关联度不同。如房地产关联度比较大的是社会，因住房的主要功能是住人，当地社会人口增长规模决定了房地产的增量，当然与社会经济（E）发展水平及当地相关房地产政策（P）有关，但起本质作用的是人口增长情况，比如深圳是全国城市人口增长最快的城市，房价也是涨幅最高的城市。在分析房地产发展战略时，应把当地的人口增长情况作为主要因素来分析。仅仅宏观环境分析还不够明确，还要了解行业市场竞争态势、竞争准入门槛、市场机会、回报率等。所以行业分析按照波特五力分析模型，这五种力量分别为同行业内现有竞争者的竞争能力、潜在竞争者进入的能力、替代品的替代能力、供应商的议价能力与购买者的议价能力。对房地产行业来说，从土地的供应（供应商议价能力）、客户的刚需（购买者议价能力）、保障房供应（替代品威胁）、现有楼盘的去化率（同行竞争程度）、新进入房企的参与五个维度来分析可以得出投资价值。同时要结合企业本身的资源能力，企业的资产负债、现金流情况，可以承担多大的项目风险等，最后可以得出要进驻当地房地产市的可行性报告。这样从宏观到行业再到企业本身，信息价值密度递增，变量反而递减的规律，对目标信息进行收集、整理、分析提炼，得出相应的战略发展规划。

正如华为在决策中执行的"五看"法则，即看行业趋势，看市场客户，看竞争，看机会，看自己。这是基本应用了波特五力分析模型得出的决策法则。

2. 业务层战略分析模型

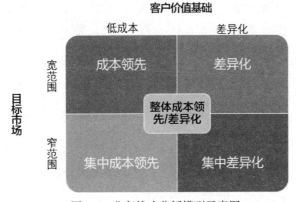

图1-6　业务战略分析模型示意图

在竞争领域通常有两个维度上的考量：一是成本领先，即产品或服务的成本比竞争对手低；二是差异化，就是有竞争对手所不具有的创新能力，满足客户需求的新的性能、功能和模式等，从而拉开与竞争对手的差距。在战略上，两者往往难以兼顾，因为选择了差异化，往往意味着投入更多的研发成本，满足创新需求，尽管在目标上追求差异化的同时成本又

35

能够领先，但这就需要有强大的管理能力。如华为5G产品在全球不仅性能最好，成本也最低，这种竞争能力可以迅速拉开与竞争对手的差距。但现实中普遍存在的是两者难以兼顾，成本领先型的目标客户是对价格敏感的人群，如春秋航空，在服务环节减少一些成本，航空餐取消，其他配套服务从简，其机票价格相对比较便宜，为在校学生或特别关注成本人士提供便宜的乘坐飞机的机会。

差异化是针对价值敏感度人群，对于价格没有太多要求，注重价值体验、品牌与品质要求。例如高端奢侈品价格相对较高，品质较好。企业选择哪种竞争方式，要把行业竞争态势与企业的资源能力结合起来综合考虑。当然，一种竞争模式不是一成不变的，其随着企业经营的变化而变化，例如华为手机一开始是低端机，为电信运营商提供裸机促销，后来随着对产品的研发投入，不断创新，由低端机变为高端机，即由成本领先型转为差异化型。

3. 市场吸引力矩阵模型

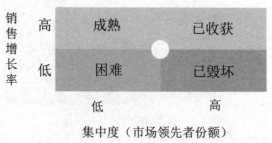

图1-7 市场吸引力矩阵图

四个象限显示了相应的相对吸引力：

成熟——一个增长率高而并不存在强大的主导公司市场，显然是可以摘取的成熟果实；

困难——增长率低而集中程度低的市场可能易于进入，但要获利却会显得困难；

收获——增长率高但已存在强大行业领导公司的市场将难以渗透，因为已经有公司在那里收获了；

毁坏——增长率低且存在强大主导公司的市场是四种市场中吸引力最小的一个，它已经被现有竞争者毁坏了。

从行业发展趋势来看，市场竞争态势基本是由分散到集中，分散就是行业中暂时不存在占市场份额大的企业，意味着没有企业对行业市场具有非常大的影响力，力量分散，没有构筑很高的行业壁垒。但随着市场的发展，会出现一些占市场份额大的企业，而且是强者恒强，进入行业的壁垒越来越高。如 20 世纪 90 年代全国有 2 万多家电企业，到如今只剩下几家行业巨头。所以，前二三十年是家电发展的大好时机，如果错过了，现在进入会比较困难，因为行业增长率下降，而行业集中度却在提高。因此，行业集中度变化，是行业吸引力的重要参考指标，一个增长率高，而市场集中度低的行业，是有较好发展前景的行业。

4. 大数据对于决策的作用

在数字经济快速发展的今天，人与人之间、人与物之间交互的数据平台如雨后春笋，通过大数据、云计算，进行数据建模，对研究对象进行画像，可以分析得出研究对象的特征、结构及发展趋势等。大数据系统成为决策的重要参考依据。有专家预言，"未来数据贵如黄金"，也进一步体现了数据对于分析研究的重要性。目前像京东、头条等平台就根据用户的年龄、兴趣、爱好等数据，通过建模进行画像，对用户进行精准的广告投送，或搜索的自动链接，以提高用户的黏性及效率。

◆ 案例：华为决策机制——EMT（经营管理团队）

2004 年，华为组建 EMT，即经营管理团队。该管理团队由任正非和华为的"八大金刚"组成，对企业实施集体领导、集体决策。九人管理团队中，CFO 由于专业性的缘故基本保持人员稳定，其他人没有固定分工，而是采取轮流坐庄的办法，阶段性分管研发、市场及人力等部门。这样做的好处，一是使每个人成为熟悉所有领域工作的全才，二是防止形成工作小圈子。

EMT 决策机制实施八年后，在 2011 年，华为对决策机制进行了调整，开始在 EMT 基础之上实施 CEO 轮值决策机制。集团顶层选出三位 CEO，每个人轮值半年。事关集团层面的大问题实质仍然是集体决策，民主集中制。二级层面上华为设立了三大业务集团，分别是运营商、企业及消费者，涉及这三个层面的事项决策权，华为实施决策权下移，由三大业务集团的 EMT 决策。这又体现了华为的层级式决策机制。总体来讲，华为实行的是复合式决策机制。这种机制的优点是能够聚焦各自的领域，遇到问题的时候快速反应。

针对华为的决策机制，总裁任正非则是这样解释的，他说华为有两个决策体系，其一是以技术为核心的理想主义决策体系，其二是以客户需求为核心的现实主义决策体系。针对具体问题实施决策的时候，从两个不同的中心各自做出判断，然后进行分析辩论，最后达成共识。

第五节　决策机制

有效决策必须与决策运行规律相符合，要有健全的与组织相适合的决策机制作保障，这是决策主体行使决策权的必要条件。决策机制指决策组织体系相互之间的关系，由决策指令的形成、发出、执行、评估及纠正等组成的决策运行机制。企业决策机制是形成其他机制的基础，好的决策机制是有效决策的前提和条件。

一、决策机制组成

首先，决策权力的明确。明确权力关系的要点：一是明确决策主体，二是保证权力分散化。明确决策主体的意思就是设定好哪类决策由哪级组织或由谁来负责，即决策主体是谁。决策主体明确了，就不会出现推诿扯皮现象，提高决策的时效性。企业经营其实就是由大大小小各种决策串联起来的，各种决策组成一个复杂的决策频谱，涉及企业的各个方面。权力分散化又称为权力均衡化。权力分散化是相对于集权而言，决策集权化虽有利于统一管理，但缺乏民主的决策往往会产生消极效应。集权违背管理幅度原则，所谓管理幅度指领导者所领导的下属的人员数量。任何领导只能直接有效领导有限数量的下属，这个有限数量即是有效管理幅度。集权决策机制不利于发动群众，不利于调动群众的积极性和创造性。集权决策机制下的员工只能被动服从，缺乏主动性。

其次，明确权责利的一致性。在决策机制的设计中，权力、责任和利益三者是相辅相成、缺一不可的。权力是决策行为的前提和保证，没有权力就无法决策；责任是对决策者的有效约束，没有约束就会随心所欲；利益是有效决策的动力，因为与自己的切身利益紧密相关，决策者会尽心尽力。

再次，建立保障体系。决策不但要有权力，还要有决策支持组织，如信息系统、智囊团等，为决策者出谋划策、提供信息、评估论证、宣传推广。在决策过程中，不能忽视这些组织的作用和价值。

企业的权责划分本质上是决策权的划分，不同层级的管理者在各自的权限内对经营管理做出相应的决策，这是构成企业指挥链的主线。组织的指令就是按照这条线来传递，一旦决策链乱了，其他所有的管理行为都会随之混乱。因此，不能轻易越权指挥，以大压小，也不能放大权力以小替大，才能使各项工作有序进行，既保证工作秩序，又激活组织活力，充分调动各级人员的积极性。

重大决策机制结构：基于决策目标的信息充分性—选择适合的决策方法论—企业资源能力与决策目标的匹配性—相关专业人员、企业高管、专家顾问的参与充分性—决策方案备选—决策主体选择方案。这种决策模型的优势是保证了信息的真实全面性；决策方法的适合性；企业资源能力与决策目标的匹配性；相关专家及专业人员的参与，保证了决策能力的充分发挥；决策方案选择的多样性，便于优中选优；在决策要素与程序上做出了明确规定，从而极大地确保了决策的质量。

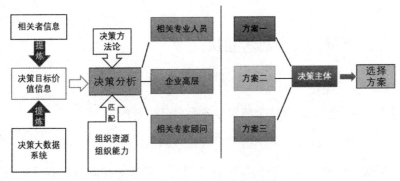

图1-8 重大决策方案形成示意图

二、决策机制类型

1.分散型决策机制

任何形式的决策机制，最关键的是确定决策主体即决策人，这是决策的最重要的环节，是确保决策机制良性运作的中心和重心。企业决策有一个共性，即初始决策一般都是由一个人做出的，这种由单人做出决策的决策模式我们称之为分散型决策。分散型决策的优点是直接收集信息，决策快捷，反应灵敏。缺点是这种决策必然受到个人经验和能力的限制。

2.层级式决策机制

不同属性的决策由不同层级的决策者做出，按照规定对决策权力进行层级分配，不同层级负责不同的决策行使权。层级决策模式的优点是规避分散决策的局限性，发挥群体决策优势。缺点是纵向传递的过程中，决策信息有可能失真或遗失，导致决策失误。层级决策模式其实是自上而下的分权行为，如果权责利设置不当，容易滋生偷懒、搭便车和应付差事等现象。

三、决策的三个思考层次

1. 为什么做？

有多少价值？思考这个结果是不是自己想要的；

付出与收获间究竟值不值？思考投入回报比值，效益问题；

非做不可吗？有没有比这更有价值的？思考选择问题，有没有更好的方案。

2. 做什么？

哪些是必须要做的？思考内容上的必选项；

哪些是可做可不做的？思考内容上的中间选项；

哪些是没必要做的？思考内容上的多余项；

哪些是一定不要做的？思考做了反而有害无益项。

3. 怎么做？

我们能力怎样？掌握的资源是否足够？思考内部能力、资源与决策的匹配；

大环境上条件是否成熟？思考环境对于决策事项是否有足够的支撑；

我们所掌握的信息是否充分？思考信息掌握的充分性，避免决策的盲目性；

未来可能的损失是什么？思考决策结果带来的损失程度；

代价是否在我们可承受范围之内，退路在哪？思考承受风险的程度。

图1-9　决策三层次思考模型示意图

◆ 案例：腾讯决策机制——总办会议制度

腾讯的决策机制是总办会议制度。总办会议每周召开一次，参会人员10余人，包括5位创始人以及核心业务部门主管。参会人数始终保持在这个水平，即便是员工人数超过2万之后，参会人数最多的时候也只有16人。腾讯的重大决策都是在总办会议上研究做出的，总办会议是腾讯最高决策机构。长期以来，总办会议形成了一种惯性，上午10点准时开始，会议一直开到第二天凌晨两三点才结束。十几个小时的高强度决策会议，是对参会者全方位的考验。每一次的决策总是在半夜12点以后才被敲定，而且并非投票或举手表决，而是协商讨论确定。

事关公司的重大决策，经过反复分析讨论之后，如果意见分歧严重，就会被暂时搁置，不会强行做出结论。假如大多数人赞同，公司仍然允许少数不赞同的人保留自己的意见，体现了决策的民主性。作为企业领导的马化腾从来不使用一票赞同或一票否决权，常常扮演的是折中主义者。

2005年，腾讯公司对组织架构进行了一次较大调整，设立了五个业务部门和三个服务支持部门，形成事业部制的组织架构。公司的决策机制也形成"小权分散，大权独揽"的特点。公司授予事业部最大限度的业务决策权，但诸如流量配置这样的决策权仍然控制在最高决策层手里。在业务决策方面，事业部有很大的决策权限，比如QQ空间、QQ游戏和微信等，最初都不是公司顶层决策，而是基层业务事业部门的决策。腾讯的这种决策机制既保证了重大决策的审慎稳妥性，也极大地激发了基层的创新精神。

第二章 运营

——路径决定速度和效率

　　正确的决策尽管明确了正确的方向，但正确的决策不等于好的结果。为什么好的赛道中依然会有不少表现不好的企业？大多数企业并不是没有好的决策，而是缺乏高效的运营管理，正如汽车行驶的方向没错，但行驶的道路崎岖，路桥没搭建好，不仅行驶维艰，而且损坏车况。企业决策一旦确定，要设计好与目标相匹配的组织系统，对决策目标进行解码，明确各部门的子目标，制定好职责及相关责任人，对实现目标的路径进行规划并制定行动计划，按照平衡积分卡设计考核量化指标，制订有效的运营流程，使组织资源与能力围绕目标的实现形成协同力。目标、组织、职责、流程及制度保障，构成了组织资源从输入—增值转化—输出的行动过程就是运营的过程。即使有正确的决策，若没有科学高效的运营，再好的决策目标也只是空中楼阁，运营不得力，管控失效，决策就无法落到实处。

第一节　运营基本概念

面对同样的行业，企业创建之初规模都不大，市场、资金和人才等没有太大差异，但为什么有的企业蒸蒸日上，而有的企业则原地踏步甚至日渐衰落？资源的输入都差不多，为什么输出不同，结果不同？主要原因就是在价值转换环节的运营机制上。在企业初创的时候，发展迅速，老板亲力亲为，运营管理是老板脑之所想，手之所及，一切按所有者意图进行，行动迅速。但当企业发展到一定规模之后，脑之想不到，手之所不能及，操控越来越力不从心，开始要有经理人代理制，要用制度流程来管理，企业逐步要从"人治"转换到"法治"上来，也就是企业的运营机制开始凸现效应。若转型不成功，就会导致规模扩大了，利润不升反降，甚至经营状况一天不如一天，逐渐出现亏损。随着企业的不断发展壮大，运营机制也要不断进行变革升级，与企业发展目标相匹配。

一、运营系统及其管理

1. 什么是运营系统

理解什么是运营系统，首先要了解企业的社会属性。企业是一种特殊的社会组织，这种组织的使命是为社会研制生产各种商品、产品或提供服务，以满足社会各方面的需求。对于众多的普通企业而言，不盈利就无法生存，盈利是企业的根本目的，只有盈利才是承担了企业该有的责任。可以说，所有企业的存在都是主观为自己，客观为社会。

企业的运营都是紧紧围绕企业各自的目标而展开，通过组织分工，在不断适应环境的过程中，逐渐形成适合企业特点的运营体系。企业虽然是一个相对独立的社会组织，但这种独立性是相对的，而与社会的交融性则是绝对的。企业必然受到政治、经济、法律及市场等外部环境的影响，需要从外部环境输入生产资料、资源和信息等要素，需要人、财、物、技术及信息等的支持，与此同时，企业通过生产出来的产品影响社会环境。与环境相互影响和作用而存在，形成一个规模各异的循环系统。了解这些问题，对于深刻理解企业的运营系统十分重要，对于企业管理者设计运营机制至关重要。

企业运营的主轴是产品（商品）生产或服务，马克思认为，生产就是为人们提供需求的过程。最初的生产只是针对产品或商品，后来有了服务业，服务也成为有形产品，生产的概念也进一步扩展延伸。前工业社会中，所谓的生产仅仅是农业生产和采矿业；到了工业化社会，生产主要是各种制造业；工业化发展到一定时期以后，就有了服务业的兴起。随着市场不断成熟发展，竞争越来越激烈，最开始的时候，生产是核心，到后来运营则越来越重要。

生产资料等输入企业，经过生产加工转化，要将成型的产品输出到市场和消费者手中，这种转化的过程中，运营模式极其重要。企业人和机器构成运营系统，在运营系统作用下，将输入转化为输出。比方说咨询公司，输入的是各种问题，咨询过程即是转化过程，通过咨询，问题转化为各种方案。比如工厂，输入的是原材料，经过加工制造，输出的是各种产品。输入、转化、输出构成运营系统的整体。运营系统效率和质量是影响企业生命的重要指标。

2.运营系统组织结构

市场规律对企业的运营系统提出了很高的要求，如低耗能、高效率、高质量、灵活性和服务满意度等。运营系统的组织结构要能够体现这些要求，为实现这些要求提供强有力的保证。实现运营系统目标的衡量指标是在各种互动中逐渐形成的，比如在产品与用户的互动中，逐渐了解掌握了客户的真实需求，进而对产品的规格和质量形成了某一个确定的指标。比如在生产系统与产品成型的多次互动中，逐渐形成了产品对于生产系统的要求。

运营系统的组织结构模式很多，如直线式结构、事业部结构、团队组合式结构和矩阵结构等。组织模式要与企业的运营系统相适应，要能够很好地服务于企业的发展规划和战略目标，最终目的是满足客户的需求。

运营系统组织结构需要视企业规模、行业特点和市场实情等而定。无论哪种类型的企业，都需要人力资源管理、财务管理、营销管理、产品研发和后勤保障等。比如，制造型企业日常运营总负责人为总经理，总经理之下设立生产经理和技术经理，技术经理之下设立质量控制部门与工程技术部门，生产经理之下设立生产控制部门、采购供应部门与制造加工部门。又比如，航空公司总经理之下设立运营经理和销售经理，运营经理之下设立工程部、维护部、飞行部与地面保障部等。这些都是围绕满足市场客户需求，提供高质量的产品或优质的服务进行组织设计。衡量运营组织结构效率的指标主要是"三高一低"，即高客户满意度、高质量、高效益和低成本。

3.运营系统管理

对运营系统进行设计，进行操作控制，在运行过程中进行维护、调整和不断优化，这个过程就是运营管理。主要包括三大模块：一是对企业的运营活动进行分析规划，二是按照一定规程进行组织，三是对全过程进行控制。运营管理的唯一目的就是生产出高品质的产品或提供优质的服务，满足客户需求。

4. 运营管理的内容

（1）设计。所有与运营有关的方案设计，诸如产品设计、服务设计、设施选择及交付设计等。设计是运营管理的起始，相当于画图纸，有了各个环节的设计方案之后，才能按图索骥，按照规划路径形成协同。

（2）运行。运行即方案的落实，按照预先设计好的计划一步一步落实。运行是组织生产的阶段，也是为客户提供服务的阶段。根据组织职能分工，通过价值链把人、财、物等相关资源进行组合，形成合力与竞争能力，去占领市场，创造价值，实现企业目标。

（3）维护。维护主要指两个方面：一是为运行提供各方面的支持，如财务支持、人员支持和后勤支持等；二是出现问题的时候及时处置。因为运行过程中必然会出现各种各样的问题，要及时处理问题、解决问题，所以维护显得十分重要。重大行动最好事先制订预案，有备则无患，未雨绸缪。

（4）优化。任何设计方案都不可能尽善尽美，面对市场的变化和竞争态势的发展，起初设计的方案会出现不适性，或存在缺陷，要及时改进，对方案进行微调甚至大幅修正。

图2-1 运营管理内容架构示意图

5. 运营管理的功能

（1）计划功能。计划能力是衡量运营能力的重要指标，针对产品或者服务，计划"什么""多少""何时"等问题，对流程进度等做出规划。

（2）组织功能。将各生产要素有序组合起来，使企业资源得以有效使用。组织功能是形成企业生产运营模式之"因"，不同的组织方式，就会形成不同的生产经营模式，比如小米模式、京东模式等。

（3）控制功能。一是控制生产经营的进度，主要指时间安排；二是对产品质量的检测，主要是严把产品质量关；三是低耗高效，主要是控制成本，是企业的节流控制；四是库存管控，保持"刚刚好"的库存状态，提高存货周转率。

二、运营系统分类

企业可以分为加工制造型企业和服务型企业。输入有形的生产资料，经过物理或化学过程，制造有形产品输出，这样的企业属于加工制造型企业。而以为客户提供劳务服务为主，不制造有形产品，这样的企业属于服务型企业。

加工制造型企业的运营系统分为四大类：一是连续性生产运营系统。生产资料按照一定程序连续性地运作，生产资料被改变形态或性能，最后加工形成客户需要的产品。二是离散型生产运营系统。离散型与连续性相对而言，物料并非均匀连续输入，而是按照特定工艺顺序，间歇性运动，最终生产出产品。三是备货型生产运营系统，指在没有客户订单的情况下，按照经验标准或惯例指标进行生产，这样的运作明显具有很大风险，有可能造成货品积压。四是订货型生产运营系统，即按照客户的订单生产产品。

服务型企业运营系统分类：一是业务服务型运营系统，如咨询业、财务金融服务业、银行服务和房地产服务等；二是贸易服务型运营系统，如维修服务、商品零售服务等；三是基础设施服务型运营系统，如交通运输服务、通信电信服务等；四是社会服务型运营系统，如旅馆酒店服务、养生保健服务、餐馆等；五是公共服务型运营系统，如政府服务、教育和公共事业等。服务型运营系统的特点与两个因素有关：一是与客户接触度的高与低，二是服务类型是资本技术密集型还是人力劳动密集型。

三、运营管理发展与趋势

1. 运营管理的发展

第一次工业革命之前，所有的生产制造都是手工作坊，几个人或几十个人完成生产全过程，生产简单的产品，上游原材料的供应和下游客户也是简单直接，不需要复杂的运营管理。但是工业革命之后，机器替代了手工，工厂有了一条龙运作的生产线，生产制造需要分工协作才能完成，也就是生产制造进入了社会化的大生产阶段。这时候，就必须要有复杂的运营管理，科学系统地对生产制造过程实施统一管理。运营管理成为一门学科或成为独立的科学，出现了许多著名的管理学家，如泰勒、亨利·福特、弗兰克·吉尔布雷斯等。运营管理心理学也成为一门边缘科学，专门研究运营管理过程中的人际关系，如吉尔布雷斯的劳动心理学、梅奥的人群关系理论、马斯洛的需求理论和赫茨伯格的激励理论等。许多学者专门研究运营管理，如 F. W. 赫里斯提出库存模型，20 世纪 30 年代，贝尔电话实验室的三位同事道奇、罗米格和休哈特提出抽样和质量控制理论。随着个人电脑和各类管理软件的广泛应用，运营管理科学更是高速发展。

2. 运营管理发展趋势

运营管理越来越重要，越来越受到企业家的重视。随着经济全球化发展，市场受到政治因素等许多因素的影响，给运营管理带来了更复杂的问题，企业家需要从更宽广的视野审视企业运营管理。竞争白热化，产品同质化，需求个性化，对企业运营管理提出了更高要求。运营管理水平决定企业成败，公司经理人必须洞察运营管理的发展趋势，紧跟时代步伐，提前部署。

趋势1：质量管理。产品质量始终是企业的生命线，竞争越来越激烈，产品质量是企业成功的关键，是参与市场竞争的基础条件。运营管理越来越重视产品质量控制，探求提高产品质量的办法。

趋势2：灵活机动。市场瞬息万变，企业要建立快速决策系统，灵敏感知市场变化，快速应对，迅速调整产品结构、产量、特性等，依据变化了的市场需求做出快速调整，提高市场适应能力。

趋势3：缩短时间。不论是加工工序，还是信息检索，或者产品研发，或处理客户抱怨等，都要缩短所需的时间，时间就是效率，时间就是满意度。行动越快，越能占据竞争优势。

趋势4：与技术结合。人们往往有一种误解，总认为技术越先进越好，其实不然。新技术的应用往往同时伴随着生产成本的提高，所以在运营管理中，不是一味追求新技术，而是要重视技术与运营的结合。越依赖于新技术，往往就越缺乏运营柔性，这就是船小好调头的道理。

趋势5：流程再造。企业越来越重视运营流程，要想控制成本、提升产品质量与服务水平等，就必须随时依据实际情况，对运营流程进行调整，重新设计和构思运营流程，即流程再造，使之与企业发展相适应。

趋势6：环境保护。随着环境保护意识的不断增强，未来环境友好型企业会越来越吃香，对环境造成污染和破坏的企业将很难生存。企业运营管理越来越重视环保，如简化产品包装、注意减少废气排放等。

趋势 7：精简人员。运营管理越来越重视效率和效益，人海战术和劳动密集型操作逐渐被淘汰，IT 技术、数字化制造和人工智能等广泛应用，将极大减少人员规模。

趋势 8：供应链条。供应链的顺畅和高效是企业的核心竞争力，也是运营管理中越来越被企业重视的一个问题。随着生产分工越来越细化，保持供应链条的顺畅越来越重要。未来的竞争是供应链条的竞争，从原材料供应、生产环节物料供应到最终顾客，整个链条是运营管理的重点。

趋势 9：定制营销。随着普及网络化，通信技术越来越方便快捷，从产品到顾客的中间环节越来越少。未来客户定制是主要模式，厂家零库存生产，产品直接从生产厂家到客户手里是大势所趋。

四、企业运营管理的主要原则

原则是底层基本法则，是确保企业运营效率的基线。尽管企业运营管理的方法论很多，但原则性底线不可轻易突破，这是经过长期企业经营实践验证有效的基本指导思想。

1.企业运营组织原则

原则 1：个人愿望、部门目的与企业目标一致原则。只有当个人的愿望、部门的目的与企业目标相一致，才能形成强大的合力，最终转化为企业强大的市场竞争力。运营的组织方法要能体现这一原则，有利于三力合一。倘若三者的行力方向不一致，必然各力相互耗损，要避免这样的组织方法存在。

原则 2：效率最高原则。运营管理要尽可能降低成本，提高劳动性价比，缜密思维，尽可能减少不测事件、事故率和意外情况等，确保最高效率。

原则 3：管理宽度适中原则。科学合理配置下属人员数量，太多或太少都会减损管理效能，要在实践中不断测试调整。

原则4：职级明确原则。职级界限要明确，避免推诿扯皮现象，每一级的责权利确定，不可含混不清，以免因左右为难而影响决策。职级划分越明确，就越有利于高效执行，越有利于信息舒畅流通。

原则5：授权适度原则。授予下级的权限要适度，权力过大或过小都会影响运营管理。原则性与灵活性相结合，做出有弹性的规定。

原则6：职责对等原则。什么样的职位就负什么样的责任，对于各个职位的责任要做出明确规定，以制度的形式确定下来。职位与责任要对等，高职位承担大责任，低职位承担小责任。一旦发生事故或出现问题，各自承担责任，不可推责，谁的原因就由谁来承担，必要时需要向上追责。

原则7：逐级指挥原则。直接上级指挥直接下级，下级只听命于直接上级管理者的指挥，不可越级指挥和越级汇报。越级指挥容易引起运营管理混乱，越级汇报易被误解为打小报告，不利于团结。

原则8：分工协作原则。分工要清晰，即岗位职责要清晰，所有人都清楚该做什么。同时要提倡协作精神，乐于助人，善于协作。团队内部分工是相对的，时刻保持协作则是绝对的。

图2-2 运营组织原则示意图

2. 职能划分的原则

职能划分的原则是运营管理重要的环节，职能划分必须遵循的普适原则如下。

原则 1：以企业战略为导向的原则。企业战略目标确定之后，要做两个层面的分解：一是按照时间期限为轴进行目标分解，总目标分解成若干以时限为规定性的阶段性目标；二是企业总体目标分解为各个部门的目标，各部门再按照时间阶段及各个岗位应负职责对目标进行分解。职能划分的唯一依据是企业的战略目标，必须以战略为导向进行职能逐级分解。

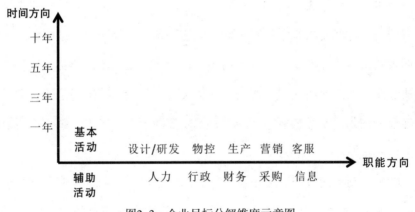

图2-3 企业目标分解维度示意图

原则 2：权责利平衡、对等原则。权力、责任、利益是职能设置必须权衡的三个要素，三者缺一不可。多大的权力负多大的责任、获取多大的利益，三者之间要平衡。权力是决策力，责任是压力，利益是驱动力，三种力平衡支撑的职位关系才是稳定的职位，才能发挥职能的效力。

原则 3：表述清楚、边界清晰原则。职能即岗位职责，对该岗位应该明确做什么事情，负什么责任，明确做的内容。岗位职责表述必须概念清楚，不能含含糊糊，按流程列举该做的所有事项，不能存在盲区。边界清晰指各个部门或者平行岗位之间规定的任务不能有交集，否则容易导致扯皮推诿现象。边界清晰是职能划分的重要原则，企业运营效率低、内耗严重的主要原因是职能边界不清晰。岗位职责通常按照工作流程进行划分与明确，如招聘岗位职责顺序，一是明确招聘需求；二是编写招聘信息，明确拟聘人员职责与任职要求；三是选择适合的招聘渠道；四是筛选简历；五是初试与复试；六是录用办理。按清晰的流程列出岗位职责，边界清楚，职责分明，不存在职责盲区，一目了然。

制定岗位职责是企业运营管理的重要环节，是企业运营管理的基石。但有的企业岗位职责并不规范，严重影响企业的运营管理效能。例如，有的企业将"身体健康""胆大心细""忠于职守"等词汇写入保安职责，显然有问题，这些要求其实是履行职责的前提条件，而不是岗位职责，是履行职责的基本职业素质。有的公司用"负责部门之间的协调工作"等没有实质性意义的内容描述岗位职责，使职责含糊不清。有的岗位职责空话套话连篇，诸如"全心全意""保质保量""准确无误"之类，影响了岗位职责的可操作性。

因此，制定岗位职责必须遵循前面的三个原则，内容具体明确，边界清晰；杜绝空话套话，防止含糊不清，简洁明了地说清楚"做什么"即可。只要名词和动词，不要描述性的形容词。

3. 目标压力传导原则

运营组织方法的底层逻辑是如何方便目标压力从上至下传导。在目标确定之后，分解目标，从公司到部门，再到岗位，通过职责分工，形成目标实现的最佳路径，以最低的成本、最高的效率，协同各部门达成实现目标的共识。

没有压力就没有动力。压力来自企业高层，企业在运营管理中要将高层压力层层向下传递，直至企业最基层的一线员工。企业高层为了企业的生存而奋斗，压力巨大，而中低层的员工绝大多数仅仅是为了获取一份工资，压力相对较小。企业要通过目标管理机制及企业文化建设，将企业目标与员工个人目标相结合，这才是治本之法。与此同时，企业要在运营管理的过程中，借由组织系统，科学合理地向下传递压力，使每一位员工都有与职位相符合、相适应的压力感，确保"人人头上有任务，个个肩上有担子"。科学分解任务，合理传导压力。不但传导任务压力，还要传导责任压力。若压力传导不够，就会出现运营管理力度逐级衰减、企业执行力层层打折扣现象。

其一，防止目标压力传导过程中的"寒蝉效应"。产生"寒蝉效应"，主因是传导的压力因为层层加码导致压力不断加大，而这层层加码的压力往往是不合理的压力，是压力传导过程中必须避免的问题。由于压力过大，基层为了逃避责任而产生想方设法推卸责任的心理，称为"怕担责"或"怕背锅"心理。压力传导机制不能异化为责任推卸机制，层层卸责，危害极大。要倡导"有温度"的压力传导，科学合理地向下传导压力，实事求是，换位思考。在施加压力感的同时，也要关心下级的实际承受能力和极限，不强行施压，不宣扬所谓的"白加黑""五加二""996"模式。要给予下级更多发言权和建议权，建立上下常态化沟通机制，是避免"寒蝉效应"的有效办法。

其二，既要传导压力，也要激发活力。压力传导过程中，往往会出现人人感觉"亚历山大"的现象。适度的压力无疑有利于企业的运营管理，但是压力大到超出能力极限，常常物极必反，产生副作用，甚至导致运营失败。所以，传导压力的同时，还要重视激发活力。不能把人压垮了，适当的压力可以激发出潜能，激活动力。

其三，传导压力的目的是形成合力。传导压力要建立在科学合理的任务分工之上，既要分工，更要协作。在各司其职、各尽其能的前提下，相互配合，形成完成任务的强大合力。分工是相对的，协作是绝对的。上下齐努力，不能有的人在"撸起袖子加油干"，而有的人则做旁观者。尤其是上级部门及成员要参与到完成任务的进程中来，身先士卒，做出表率，而不仅仅是拿着问责的大棒在那里督战。压力传导机制需要精心设计，绝对不是单纯地施加压力。

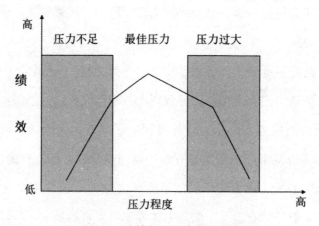

图2-4　业绩与压力关系示意图

目标压力传导可使用 OKR（Objectives & Key Results）目标与关键结果管理工具。O 就是目标，KR 为关键结果，上级的 KR 是下级的 O，下级的 O 对应几个 KR，每一个 KR 又是再下级的 O，这样层层分解，上下对齐，形成目标压力传导系统。例如公司营销增长 20% 这个目标（O）关键结果（KR）其中有项为制订满足营销增长的人员需求计划，这个 KR 成为人力资源部的 O，这个 O 下面的 KR 之一是招聘华南区营销总监，又成为招聘专员的 O 等，以此类推到招聘专员岗位的 KR。这样，营销增长的压力传到人力资源部门，再到招聘专员岗位，使压力自上而下层层传导。

◆ 案例：华为的运营思路

华为不仅重新再造了跨部门结构化的端到端销售流程，而且嵌入了销售方法，刷新了许许多多的工具和模板，使得华为整个组织销售能力得到进一步的提高。企业的竞争说穿了就是管理的竞争，而企业管理要狠抓三件事，客户、流程、绩效！企业的有效管理需要有效的管理架构和流程来牵引和落实，而很多企业发展到一定程度后会发现原来使用的管理流程已经无法满足快速发展的业务要求，甚至制约着企业发展，无论是外部竞争压力（外因）还是内部管理效率急需提升（内因），都迫使企业做出改变，敢于变革。此时，就该考虑如何设计有前瞻性、能促进企业业务发展的管理架构和流程体系。

例如，销售关乎企业生死存亡，可是很多企业的销售流程体系散乱无序、效率低下，难以有效跟踪培育线索，难以快速响应客户需求，面向客户界面混乱，销售人员更多单兵作战，难以形成战斗力，直接导致的结果就是市场中标概率小、中标了交付也存在各种各样风险与问题、回款缓慢甚至最后成为"烂尾工程"、应收账款巨大。这时候，就很有必要梳理并重造流程，并且基于流程进行销售能力提升，构建出有执行力、有创造力和有活力的狼性营销组织。华为 LTC（即 L2C 从线索到现金的企业运营管理思想）销售流程变革项目就是一个典型的案例。

为什么华为要下决心花巨资来做 LTC 变革项目呢？因为华为已感觉到 LTC 项目启动之前的流程支离破碎，没有跨部门的结构化流程，没有统一端到端拉通，效率不高，项目运作质量差，制约华为发展。通过早些年的研发 IPD 变革项目，华为产品研发有了长足发展，可是销售线明显跟不上业务发展需要，因此决心对销售流程"动大手术"，就像要成为武林高手，需打通任督二脉一样，华为希望努力打通企业的任督二脉——研发（IPD）和销售（LTC）两条主流程（脉络），以促进和支撑业务快速发展，成为顶尖高手。

LTC项目涉及公司正在运行中的所有销售业务（项目启动之时销售收入已超3000亿），困难程度可想而知。有人比喻说，LTC变革项目就像在高速公路上给奔跑着的跑车换轮胎。确实是很有挑战性的，因为不能影响公司业务，华为谨慎地分阶段进行，第一阶段是问题调研（面向全球各一线发问卷调查，当面访谈一部分一线，再结合从一线回来的专家的意见，归类总结出急需解决的问题）；第二阶段是方案规划设计。埃森哲与华为进行梳理，输出切实可行的细化方案（这个过程，华为专家和埃森哲不断地探讨，不断地聆听一线的反馈意见，不断地优化，无数个轮回碰撞，最终才形成一个阶段性方案）；第三阶段是IT开发阶段（流程的落地，需要IT系统来承载，让所有的关键任务活动都在IT系统里跑起来，最后LTC的IT就是只要有网络，只需在IE等浏览器输入网址即可访问使用）；第四阶段是进行试点，然后再优化流程；第五阶段是找各区域的典型代表来试点，然后继续优化流程；第六阶段是小面积推行，然后继续优化流程；第七阶段就是流程成熟，可大面积推广；第八阶段是不断收集问题反馈进行流程优化，发布给全球各区域使用。

华为居安思危地不断"折腾"，不管变革，不断激活组织、激活人性。绝大多数企业，除非万不得已，否则是乐于待在自己的"舒适区"，缺少危机感，缺少创新性的。

华为针对管理变革，定下了一些管理变革原则。有些企业想变革，但往往做不下去，或者做得效果不好，原因是变革意味着权力、利益等的重新分配，必然使部分人员利益受冲击，往往阻力很大，意见纷纭，这种缺乏变革的基本原则，不能在思想层面达成共识，往往以失败而告终。变革的目标要清晰，不能忘了企业的根本目标，为了变革而变革。任正非曾说，管理就是抓住三件事：客户、流程、绩效。华为未来留给世界的只有流程与 IT 支撑的管理体系，因为每个人都会过世，每种产品都终将被淘汰；企业管理归根结底就是流程的管理，就是让业务在以客户为中心的高效的流程上面跑，因此企业的管理流程重要性不言而喻。

第二节 运营过程、流程

运营本质上是多个部门以共同任务在时序上协同完成任务的过程。任何运营都应基于特定的工作流程，统一在同一个目标的前提下有机行动。运营管理者和执行者需要围绕目标实现进行全盘考量，制定总体运营计划，将目标、组织、职能和结果等联结在一起，考虑到各种可能出现的变量。运营流程是设定实现目标的步骤、路径和方法，将总体任务目标分解为若干分目标或若干阶段性目标，根据职责分工组织相关人员按照一定的期限和步骤去完成任务目标。运营流程是执行力的根本保证，是对工作步骤和方法的规范要求与指导。运营流程设计的核心是人员配置，人的因素是运营流程的根本因素，是运营流程效率的根本保证。

一、运营的组织方法

运营组织包括两个方面，一是运营机构的设置，二是运营行动实施。不论是机构设置，还是运营行动，都需要以制度来保障，制定相应的行为准则。各种制度规定了企业运营过程中的指挥程序和系统，对人与人、部门与部门之间的关系进行明确约定，规定了他们的权限和职责。

二、价值链流程

价值链流程的概念最早是由美国学者迈克尔·波特提出来的，是基于是否创造价值和创造价值的多少来研究运营流程。企业目标通过价值链解码，在职能体系形成不同的业务单元及职能部门，分工协作，形成基于价值链的流程标准，按 PDCA 循环进行控制，持续优化，不断完善。运营过程中每一项活动是否有价值，衡量指标是看是否为下游需求做出了贡献，是否有效降低了后续工作的成本，是否明显有利于提高后续工作的质量。

价值链流程的着眼点是业务实际运营过程中的价值目标和增值性，客观透视运营过程中各个单体之间的相互联系。分析价值链流程必须以业务运作过程中的上下游关系为基础，以运营过程中的客观事实为依据，构建具有指导性的、能够步步增值的运作程序。价值链流程就是将整体价值分解为若干单体价值单元，以价值最大化为目的，构建高效的运营程序。

价值链流程分析中的流程再造，就是为了降低各个单元的价值活动成本，从而降低整体成本，每一个环节都为下一个环节提供高效节能的无形服务或有形产品。从运营的价值链角度入手分析问题，才能更清晰地理解业务运作过程，更有效地控制运营成本；才能真正找出问题根源，切实提升企业运营管理的科学性、效率和效益。

相比于时间流程、工序流程和物理空间流程等，价值链流程管理思想更加切合商业活动目标的本质。商业活动的本质就是卖家为买家提供价值服务，买家所支付的商品或服务的价格即卖家价值的货币体现。运营管理价值链分析有利于对各个运营环节做出价值判断，确定价值目标，研判和改善创造价值的环境，为增值制订具体的计划方案。任何企业，无论人员多少，不论规模大小，所拥有的人、财、物等资源都是有限的，企业的运营管理需要通过价值链流程分析，把有限的资源投注于最能创造价值的节点。

图2-5　价值创造示意图

三、运营中的PDCA

PDCA 又称为戴明环。休哈特博士是美国质量管理专家，他提出的 PDCA 循环理论最初是针对企业质量管理的，将质量管理分为四个阶段，即 Plan（计划）、Do（执行）、Check（检查）、Action（处理），缩写为 PDCA。首先是做出计划，接着是计划的实施、检查计划实施效果。假如计划实施成功，则将这一过程作为运营管理的规范化标准；假如计划实施失败，则重新制定计划，进行下一次的运营管理循环。事实上，PDCA 循环不但可以作为质量管理的基本理论，也完全可以推而广之，作为其他运营管理的一般性管理规律和方法。

现代运营管理中，PDCA 的含义有了很大扩展延伸。P（Planning）包含三层含义：制定目标（goal）、实施计划（plan）、收支预算（budget）。通过市场调查、用户访问等，摸清用户对产品质量的要求，确定质量政策、质量目标和质量计划等，包括现状调查、分析、确定要因和制定计划。D（design）除了指设计方案，还包括总体的运营管理布局。根据质量标准进行产品设计、试制、试验及计划执行前的人员培训。C 则指 4C 管理：Check（检查）、Communicate（沟通）、Clean（清理）、Control（控制）。主要是在计划执行过程之中或执行之后，检查执行情况，看是否符合计划的预期效果。A 有两层含义，一是 Act（执行），主要是对计划执行结果进行分析处理；二是 Aim（目标），指不但要严格按照目标指向和计划要求行事，而且要注重改善，不断提高，形成螺旋式上升的态势。根据检查结果，采取相应措施。巩固成绩，把成功经验纳入标准，遗留问题转入下一个 PDCA 循环去解决。

PDCA 循环优点：工作更加条理化、系统化、规范化和科学化。

一是大环套小环，环环促动。PDCA 循环适用于运营管理流程的任何环节、项目和内容，适用于各部门、各种群体和个人。运营管理过程中，PDCA 循环不是孤立的，不是单一的，而是环环相套，相互促动。公司有公司的整体大循环，各级部门有各自的局部小循环，大环套小环。大环是小环的依据，小环是大环的分解。一系列的 PDCA 循环把运营过程有机联系起来，相互协同促进。

二是螺旋式提升，渐进式提高。PDCA 循环就像爬旋梯，旋转中提升。一个循环结束，运营管理就会提高一步，在此基础上继续下一个循环，不断提高，不断前进。PDCA 循环不是简单重复，而是每循环一次，就解决一些问题，取得一些成果，工作就前进一步，水平就提升一次。每通过一次 PDCA 循环，都要进行总结，提出新目标，再进行第二次 PDCA 循环，使品质治理的车轮滚滚向前。PDCA 每循环一次，品质水平和治理水平均更进一步。

PDCA 循环缺点：关注如何完善现有工作，导致惯性思维，缺乏创造性思维。习惯了 PDCA 循环，很容易只满足于按既定流程运营，抑制了创造性。这是 PDCA 在实际运用中存在的明显局限性。

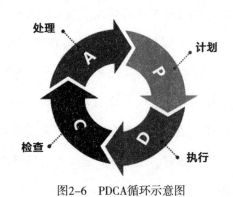

图2-6　PDCA循环示意图

◆ 案例：从企业治理结构角度看责权利机制，企业治理结构的三种模式

由于经济、社会和文化等方面的差异以及历史演进轨迹的不同，不同国家和地区的公司治理结构是有差异的。从主要市场经济国家的实践看，主要有美国式、日本式和德国式三种模式。

一、美国的公司治理结构

美国企业目前最大的股东是机构投资者，如养老基金、人寿保险、互助基金以及大学基金、慈善团体等。其中养老基金所占份额最大。在20

世纪90年代初，机构投资者控制了美国大中型企业40%的普通股，拥有较大型企业40%的中长期债权。

20家最大的养老基金持有上市公司约10%的普通股。不过，尽管机构所有的持股总量很大，一些持股机构也很庞大，资产甚至达几十亿美元，但在一个特定公司中常常最多持有1%的股票。因而在公司中只有非常有限的发言权，不足以对经理人员产生任何压力。

在美国主要依靠资本市场上的接管和兼并控制公司。美国的机构投资者，不长期持有一种股票，在所持股公司的业绩不好时，机构投资者一般不直接干预公司运转，而是改变自己的股票组合，卖出该公司的股票。持股的短期性质使股票交易十分频繁，造成公司接管与兼并事件频频发生。研究表明，股票价格的波动太大，与企业的盈利水平关联不强。

因此，利用股票市场对公司进行控制难以奏效。而且，由于股票流动性大、周转率高，出现严重的持股短期化，经理人员面对主要股东的分红压力只能偏重于追求短期盈利，对资本投资、研究与开发不太重视。近年来，美国实业界采取了一些措施，力图改进美国的公司治理结构。例如，美国证券交易委员会1992年规定：增大关于公司执行人员的报酬与津贴的披露程度，要求董事会报酬委员会在其年度代理声明中公开说明怎样确定以及为什么这样确定执行人员报酬水平，强化机构股东的作用。同时，尝试加强商业银行的作用，允许商业银行从事证券交易活动。

二、日本的公司治理结构

自20世纪60年代以来，日本控制企业股权的主要是法人，即金融机构和实业公司。法人持股比率在1960年为40.9%，1984年为64.4%，1989年增加到72.0%。法人持股主要是集团内企业交叉或循环持股，集团形成一个大股东会。

日本公司的董事会成员主要来自企业内部。如果一个企业经营绩效差或者经营者没有能力，大股东会就会对该企业的经营者提出批评意见，督促其改进工作，直至罢免经营者。另一重要监督来自主银行。主银行提供较大份额的贷款、拥有一定的股本（5% 以下）、派出职员任客户企业的经理或董事。银行几乎不持有与自己没有交易关系的公司的股份，持股目的基本上是实现和保持企业的系列化和集团化。主银行监督公司运转的方式根据具体情况而定：在公司业绩较好、企业运转正常时，主银行不进行干预，但在公司业绩很差时，就显示控制权力。由于主银行对企业的资金流动密切关注，所以能及早发现财务问题，并采取行动。譬如事先通知相关企业采取对策，如果公司业绩仍然恶化，主银行就通过大股东会、董事会更换经理人员。主银行也可以向相关企业派驻人员，包括董事等。借助这些手段，主银行就成了相关公司的一个重要而有效的监督者。

在公司交叉持股和主银行持股体制中，持股目的只在于使股东稳定化，相互支持和相互控制，而不是为了得到较高的股息或红利。所以，股票轻易不出手，周转率低，股票市场因此也对经理人员影响甚微。就股票市场上的兼并而言，日本也很少发生。日本的兼并活动进入 20 世纪 60 年代后虽然也增加了，但主要发生在中小企业之间或大型企业与中小企业之间。而且，即使兼并，也很少采用公开购买股票的方式，往往是合并双方的大股东先行商谈，再转移股票。

三、德国的公司治理结构

德国公司治理结构的一个重要特点是双重委员会制度，即有监察委员会（监事会，相当于美国、日本的董事会）和管理理事会（理事会，相当于美国、日本的高级管理部门或执行委员会）。监事会成员不能充当董事会成员，不得参与公司的实际管理。在德国，最大的股东是公司、创业家族和银行等，所有权集中程度比较高。德国的银行是全能银行，可以持有工商企业的股票。银行持股在 1984 年和 1988 年分别为 7.6% 和 8.1%，如果加上银行监管的投资基金的持股（同期分别为 2.7% 和 3.5%），则银行持股达 10.3% 和 11.6%。而且，银行持股的大部分是由三家最大银行持有，其中德意志银行影响最大。银行对企业的贷款性质也使银行成为一个重要的利益相关者。

另外，公司交叉持股比较普遍，权威部门对持股的管制也比较宽，只有持股超过 25% 才有义务披露，超过 50% 才有进一步的义务通知管制机构。

在德国，银行控制方式是通过控制股票投票权和向董事会派出代表。据德国垄断委员会统计，在 100 家最大的股份公司中，银行在 75 家派驻了代表，有些还是监事会主席，银行代表就占股东代表的 22.5%。其中，在 44 家中占有的股份低于 5%，在至少 19 家中基本没有什么股份。德国公司治理的另一特色是强调职工参与，在监事会中，根据企业规模和职工人数的多少，职工代表可占到 1/3 到 1/2 的席位。

由上述可以看出，在利益驱动下，机构主动承担相应监管职责，并有权力作保证，从而保障企业按照一定规则正常运行，形成现代企业治理机制。

第三节　运营运行机制

"机制"一词最早源于希腊文，原指机器的构造和工作原理。对机制的这一本义可以从以下两方面来解读：一是机器由哪些部分组成和为什么由这些部分组成；二是机器怎样工作和为什么要这样工作。把机制的本义引申到不同的领域，就产生了不同的机制。如引申到生物领域，就产生了生物机制；引申到企业管理领域，就产生了企业管理机制。理解机制这个概念，最主要的是把握两点。一是事物各个部分的存在是机制存在的前提，因为事物有各个部分的存在，就有一个如何协调各个部分之间的关系问题。二是协调各个部分之间的关系一定是一种具体的运行方式；机制是以一定的运作方式把事物的各个部分联系起来，使它们协调运行而发挥作用。

运营机制指企业运行中各种要素的组成及功能，以及相互之间的关系，即与运营相关的各要素的逻辑架构，以及运行模式和机理。运营管理中，运营机制发挥着决定性的重要作用，是企业经营的主体机制。

一、运营系统结构及构成

企业的运营机制是一个复杂的系统，包括许多方面，由人、财、物、信息等因素按照价值链组合构成，如硬件设施的构成、生产机制构成、物流机制构成、信息流机制的构成等。不同地域、不同企业、不同行业有不一样的运行特点，其运营管理的运行机制也都不一样。

生产型企业偏向硬件运行机制，由厂房、设备、流水线配套形成的制造运行机制、设计图纸输入、物料输入、机器运转、系统控制、生产加工、半成品或成品输出、质量检测等。每一个环节都由运行机制控制，确保产品质量、性能、功能等与设计相符，能够满足客户需求。

服务型企业偏向软性运行机制，根据客户需求进行服务整体规划、策划、服务内容设计、服务实施、质量控制、服务输出，满足客户需求。

企业运行机制信息流结构就更加复杂多变。制造型企业的信息流构成包括销售计划、生产信息和检测控制信息等。服务型企业信息流结构主要是围绕企业运营部门的各类信息主体和客体的组合，渠道及流经式样更加复杂。

1. 运营机制的管理控制

从运营机制的管理控制看，每一工作目标都应设置相应的组织来实施，明确由谁做什么，即围绕企业目标按业务及职能板块设置部门，明确部门职责，再分解到具体岗位；再明确怎样做，即运营流程的设计，定义每一行动环节与步骤的逻辑关系；由相应的制度对流程实施进行明确的分工、行动方法及特殊场景的处理说明以及解决问题必须遵守的规则等。

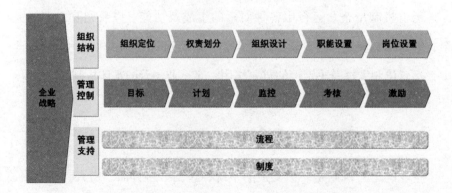

图2-7　企业典型管控模型示意图

2.运营机制的控制文件

目标手册是运营控制的指导方针、思想、基本原则及总体目标等，包括质量目标手册、成本控制目标手册、研发设计手册等。在目标手册的指引下，建立各工作程序，形成程序文件，每一工作程序包括策划、组织实施、检查和纠正处理四个环节，重点明确怎样做；在程序文件引导下，建立工作质量标准和操作标准，形成作业指导书，重点明确好的标准是什么。这样自上而下形成了三级文件控制体系，确保了运营的质量与效率。

例如，质量目标手册中规定了产品质量合格率达98%以上，程序文件中针对质量控制规定了具体的质量策划，质量保证需要来料合格、工艺流程正确、环境达标，对质量进行过程中的控制QA，以及成品或半成品的检测QC；作业指导书明确了怎样进行质量检测，对仪器的调校、使用和检测的方法等，都有详细规定。

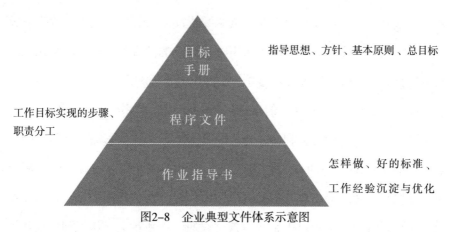

图2-8 企业典型文件体系示意图

二、责权利的统一机制

运营流程中的责权利机制贯穿流程始终，每一环节的责任人、相应的权限、相关的利益一脉相承，不仅要合情，也要合理，可以说权责利机制是运营成败的关键，不可不慎。若责不清，权不明，利不公，就不可能提升运营效率，各种问题会层出不穷，甚至会使运营陷于无序混乱当中。大至企业战略目标实现的权责利，小至每一工作任务完成的责权利，都要有机统一，现实中诸多案例警示了这个问题，如"国美"案例中陈晓与黄光裕的争执，"雷士照明"案例中创始人与投资人的纷争，实质上是公司运营过程中权责利机制出了问题。

大凡企业中出现的利益纷争、内部矛盾，本质上无非是由责权利机制问题导致的。例如，有些企业领导越来越忙而员工却在消极观望，扯皮推诿现象严重，出现问题时无人出来担当，领导成了高级救火队长……一切问题的根源在于职责不清，相应的权限及相关利益配套不明确。运营过程本质上是按岗位职责分工、协同执行的过程，对于执行效率而言，责权利机制由责任推动、权力保障、利益牵引，三者不可割裂，若只有责任，却无权力保障，在执行过程中需要的资源配置没办法到位，正如一位指战员有责任去攻下一阵地，但下面士兵不听指挥，他没有处置权，就不能很好地履行职责，责权利三者必须建立公平公正的平衡关系。

首先，必须了解责权利的概念、内容及相互关系。其次，必须知悉企业运营过程中影响责权利科学合理配置的要素，只有掌握关键的影响因素，才能从源头上主动作为，建立公平合理的权责利机制。另外，需要清楚责权利失衡时会出现哪些常见的问题，建立警示指标。总而言之，要深刻认识到责权利设置对于企业运营过程的作用和意义，认识到责权利失衡的危害性，重视运营过程中责权利的合理配置，建立责权利的辩证统一机制。

责权利配置是企业运营管理的核心内容，做好责权利配置是一个系统性管理工作，需要组织专门人员在广泛深入调研的基础上研究制定。比如，基础性工作包括对公司运营管理系统的诊断分析，明确组织架构、职责分工，从部门职责分解到岗位职责，根据胜任力要求明确各岗位任职资格。岗位对应职级，职级对应薪级，对岗位进行称重，明确岗位价值。同样是履行职责，结果往往不太相同，对公司的价值贡献也有差异，这就要通过绩效考核机制来动态调整相关利益。没有科学的绩效考核，责权利结合相对比较僵化，容易导致平均主义，使企业缺乏活力。因此，责权利配置还要区分静态与动态的平衡，原则性与灵活性相结合，才能让责权利机制有效实施，不断优化。

图2-9　责权利之间的关系示意图

三、运营的约束机制

企业运营的约束机制分为两大类型，一是外部约束，二是内部约束。所谓运营约束机制，即约束运营行为的各种因素所显示的约束作用，以及约束成效机理与方式。外部约束也可视为市场约束、供给约束、政策约束、法律约束及需求约束等。在种种外部约束中，对运营约束最为关键的是市场约束。供给约束是市场约束的典型约束，是市场对于企业投入的约束。所有的企业，无论是制造型企业，还是服务型企业，都需要通过外部市场采购生产资料，通过外部人才市场获取所需人才，这些要素一旦出现供给问题，企业的运营一定会受到影响。市场的约束主要是需求约束——

双向需求约束，市场约束是所有企业运营中要面对的主要约束。法律约束和政策约束是国家为了保证正常的秩序，对于企业经营活动做出的硬性框定。企业内部约束表现在方方面面，但最为主要的是财务预算约束，如何平衡财务收支以保证企业正常运营不是一件容易的事情。概括起来，企业的外部约束一是宏观环境，由 PEST 四因素组成，即政治、经济、社会、技术，在不同行业，四种力量的作用不一样，如高科技企业，技术的发展影响很大，创新成为主导力量，稍不留神也许产品就已更新换代了；二是中观行业市场约束，可用波特五力模型来分析，即供应商议价能力、购买者议价能力、新进入者的威胁、替代品的威胁、同行竞争激烈程度，尤其是替代品出现，有可能颠覆整个行业，如过去数码代替胶卷，手机拍照功能代替普通相机一样。

内部约束主要是企业运营的资源与能力约束，企业的品牌、管理、技术、资金和社会资源等，决定了企业运营所及边界，正如一位可以扛 100公斤的人，面对 200 公斤的重物是没办法扛起的。在类似情况下，企业只有整合资源，借力发挥，犹如利用机械臂助力来扛重物一样，克服内部资源与能力的不足，在运营策略中的战略联盟、渠道共享、外包和价值互换等，都是突破内部约束的有效办法。

四、运营模式的选择

运营模式的选择，根据市场竞争环境以及企业资源与能力来确定，运营约束机制基本明确了企业在价值链中的地位，价值定位好坏的标准是看是否体现了企业的存在价值，是否充分发挥了企业资源与能力优势。改革开放前半阶段，中国企业缺乏技术与品牌，成为世界代工厂，处于微笑曲线的底端，利用资源与劳动力成本优势，赚取廉价的加工费。通过以市场换技术模式获取企业资源与能力，随着经济的发展，中国企业的研发能力和技术水平得到极大提高，品牌意识也增强很多，逐渐形成全产业链模式，发展到今天成为全球工业门类产业链最齐全的国家。从行业整体发展趋势看，分工越来越专业化，很多企业把非核心价值部分转为外包，就连华为这样的企业也是专心于核心技术，定位于产业链分工技术含量较高的部分。因此，企业在产业链中的地位，由企业运营约束机制确定，总体来说可分为设计／研发、生产、销售三段产业链，由这三种组合形成以下几种模式：生产代工型、销售型、设计型、设计＋销售型（哑铃型）、生产＋销售型、信息服务型、管理服务型、全方位型等。即使是全方位型，也有部分零配件需要外包，或销售端需要代理商，产业链上的分工与协作成为主要发展模式。

不同模型决定了以销定产，还是以产定销，或是两者兼有。服务型企业通常是现场服务客户，与客户互动型强，注重客户体验；非服务型企业是以产品的品质及性价比赢得客户信任。尽管两者运营模式不同，但内在本质基本一样，就是根据客户需求对产品或服务进行规划，进行价值链创造设计，输入资源与能力，输出能满足客户需求的产品或服务，即为端到端的以客户为中心的运营规划。

◆ 案例：华为集成供应链管理（ISC）流程

集成就是聚合而成，电子科技产品功能越来越强大，但体积越来越小，维修越来越便捷，得益于功能模块的集成。电脑主板往往集成了集成显卡、声卡和网卡。一块 CPU 芯片，可以集成上千万个半导体零件；神舟飞船则集成了约 20 万个配套的系统。由此可见，集成是解决复杂系统相互作用、协同一致的重要方法。

任何企业刚开始发展时都采用比较粗放式管理，因业务简单，部门之间对接与协同不难。但当企业达到一定规模时，部门之间的协同就会出现很多问题，每一个职能部门都想要充分发挥自己的作用，实现本部门的利益，而不是从整体出发，满足整个组织及客户的需要。如销售为了尽快完成业绩，会给客户许诺较短交付期限，但生产部门因周期问题难以做到，采购部门也难以完成生产部门排期的物料要求，从而导致客户满意度下降，销售会埋怨生产部，生产部会埋怨采购部，采购部会埋怨销售部，甚至有可能为了满足生产部要求，采购部会加大采购力度，导致库存积压，若出现产品转型，物料过时或过期，会带来巨大损失。这样不仅会导致客户满意度下降，使公司运营处在比较混乱的状况中，工作效率降低，而且造成成本大幅上升，形成大企业病，产生规模而不经济的通病，出现增产不增收的效益递减现象。

华为公司由于业务发展速度很快而预测的准确性又比较差，生产计划很难做准，大量订单发生更改，导致整个订单交付不及时，生产的产能和采购也难以匹配，经常发错货。如果仅仅从供应链内部进行优化也很难解决问题。由于从预测、计划到生产整条线并没有理顺，使公司当时的及时齐套发货率只有20%—30%。存货周转率一年两次，计划和采购之间的矛盾也非常突出：计划质量不高；采购不能满足需求；采购方式也非常单一。

要改变这种困境，华为应采取什么措施呢？总裁任正非逐渐认识到，只有对整个经营过程进行优化，使部门之间协调容易，成本降低，在规模扩张的同时做到精益求精，不断提高人均效益，才能逐步缩小与国际企业在核心能力上的差距，实现企业的可持续性发展。任正非认为关键在于供应链的集成管理，任正非说："集成供应链（ISC）解决了，公司的管理问题基本上就全部解决了。"企业之间的竞争其实也是供应链之间的竞争。

1998 年 8 月，华为与 IBM 公司合作启动了"IT 策略与规划（IT S&P）"项目，开始规划华为未来 3—5 年需要开展的业务变革和 IT 项目，其中就包括 ISC（Integrated Supply Chain，集成供应链）等 8 个项目，ISC 是其中的重点。此次业务流程变革历时 5 年，耗资数亿元，涉及公司价值链的各个环节，是华为有史以来影响最为广泛、深远的一次管理变革。

集成式供应链的原则是通过对供应链中的信息流、物流和资金流进行设计、规划和控制，保证实现供应链的两个关键目标：提高客户的满意度，降低供应链的总成本。华为公司的供应链发展由乱到治，分为五个发展阶段：

1. 供应链的建设期

通过对 ISC 改革，以集财务、信息和管理模式于一体，对供应链中的信息流、物流和资金流进行设计、规划和控制，保证实现供应链的两个关键目标：提高客户的满意度，降低供应链的总成本。由此设计和建立以客户为中心、成本最低的集成供应链，改变了以往企业内部职能部门分散，独立控制供应链中不同业务并且组织结构松散的现状。

统一协调企业的工作流、实物流、资金流和信息流

图2-10　供应链协同架构示意图

2. 职能集成

将分销和运输等职能集成到物流管理中来，制造和采购职能集成到生产职能中来；积极为用户提供各种服务，满足用户需求，具有较完善的内部协定，如采购折扣、库存投资水平、批量等；强调降低成本而不注重操作水平的提高：职能部门结构严谨，均有库存做缓冲；主要以订单完成情况及其准确性作为评价指标。

3. 内部集成化供应链管理

这一阶段要实现企业直接控制的领域的集成，要实现企业内部供应链与外部供应链中供应商和用户管理部分的集成，形成内部集成化供应链。本阶段华为 ISC 改革的核心是解决内部集成化供应链管理的效率问题。主要考虑在优化资源、能力的基础上，以最低的成本和最快的速度生产最好的产品，快速地满足用户的需求，以提高企业反应能力和效率。华为在这一阶段采用 DRP 系统、MRPII 系统管理物料，运用 JIT 等技术支持物料计划的执行。JIT 的应用可以使企业缩短市场反应时间、降低库存水平和减少浪费。华为也考虑同步化的需求管理，将用户的需求与制造计划和供应商的物料流同步化，减少不增值的业务。同时华为通过发展电子商务来获得巨大的利润。

在供应链内部，引入 IPD（集成产品开发），优化产品开发环节，提高产品交付能力与质量。华为逐步把生产部门、后勤服务部门、基础培训以及工程安装、调试、维护等环节外包，不仅节省了大量成本，而且降低了库存，市场反应速度明显加快。华为的主要力量都放到了技术研发和开拓市场上。公司有 48% 的员工在研发部门工作，还有大约 38%的员工投入国内外市场与服务体系，被誉为"Design House + Marketing Team"。

4. 外部集成化供应链管理

实现集成化供应链管理的关键在于本阶段，将企业内部供应链与外部供应商和用户集成起来，形成一个集成化供应网链。而与主要供应商和用户建立良好合作伙伴关系，即所谓的供应链合作关系是集成化供应链管理的关键之关键。在此阶段，华为加强了战略伙伴关系管理。

本阶段管理的焦点以面向供应商和用户取代面向产品，增加与主要供应商和用户的联系，增进相互之间的了解（产品、工艺、组织和企业文化等），相互之间保持一定的一致性，实现信息共享等，通过为用户提供与竞争者不同的产品／服务或增值的信息而获利。

通过建立良好的合作伙伴关系，可以很好地与用户、供应商和服务提供商实现集成和合作，共同在预测、产品设计、生产、运输计划和竞争策略等方面设计和控制整个供应链的运作。

对于主要用户，华为一般建立以用户为核心的小组，这样的小组具有不同职能领域的功能，从而更好地为主要用户提供有针对性的服务。

5. 集成化供应链动态联盟

在完成以上四个阶段的集成以后，已经构成了一个网链化的企业结构，我们称之为供应链共同体，它的战略核心及发展目标是占据市场的领导地位。为了达到这一目标，华为在适应市场变化、柔性、速度、革新、知识等需要方面进行了改进和加强。在这种情况下，华为这种集财务、信息和管理模式于一体的集成供应链成了一个能快速重构的动态组织结构（即集成化供应链动态联盟），很好地适应了市场的发展需要。

华为公司集成供应链建设的成功取得了丰硕成果，意义非凡：

2003—2004年，完成了整个集成供应链的业务建设，业务指标有了很大改善。基于国内业务来讲，华为公司供应链的建设取得了很大的效果。当时供应链本身是以深圳为生产基地的单一的供应网络，它在海外是没有覆盖的，海外的组织里甚至没有供应链组织。如何保证海外大的运营商的业务发展？如何保障及时交付？这些海外的问题该如何解决？是否应该有一些全球计划？是否该有全球订单的履行，包括全球网络的设计？这一切都是这时候该考虑的。2005年提出了全球供应链项目（GSC），提出怎样把海外的供应链业务建立起来，业务指标提升上来。在整个全球供应链的项目里，首先要做全球的网络设计，其次要做全球均衡的供应链的运作，包括国内和海外。还要谈需求管理，以前需求主要来自市场部，现在却是来自全球十几个地区部。怎样把需求汇总？怎么管理它？这些是需要考虑的。明确需求之后，自然就要有一个全球计划。

供应链与销售是一个整体，销售预测与运作计划是一体的。因此将两者集成起来才能更好地运营，华为深刻地认识到这一问题。集成的表现是销售部门、生产部门和采购部门每个月都要进行会议，通过会议，同时把供需和供货能力之间的差距找出来。效果很好，能够拿出措施把差距弥补，进而满足客户需求，满足采购计划、发货计划和生产计划。

全球统一的订单管理和全球的物流也是重点。以前的业务主要是在国内，比较简单，很多东西物流部门可以自己掌握。但在海外，要通过大量的第三方、第四方物流才可以。采取的策略是把国际上最好的物流公司拉过来成为供应商，这样比较可靠，能够使从深圳工厂到非洲的整个物流有所保证。当然，也有从当地的一些小的物流公司，通过代表处获得认证，负责从当地的海关到一些基站的站点运输，借此获得当地的运输能力。

ISC集成供应链变革在华为取得了丰硕成果。经过2005—2007年两年的时间，变革取得了很大效果。2008年和交付打通，大交付概念的初步体现，在全球形成了非常好的网络化的供应链。这时在全球有五个供应中心：中国、墨西哥、印度、巴西和匈牙利。以欧洲为例，一个匈牙利就能把欧洲及北非的很多国家纳入供应圈，能够保证两周之内的及时到货。同时，还设立了中国、荷兰和迪拜三个重要的区域物流中心，由于非洲的供应环境较差，可以通过迪拜来发货。还有五个采购中心：中国、美国、日本、德国和中国台湾,主要都是电子元器件生产厂家或者重要工业品的供应商,在当地设立了采购组织,"集中认证,分散采购"得到了体现。

供应链计划实际上是公司整体计划的重要组成部分。华为公司每年都会做3—5年的业务规划,同时也会做年度经营规划。供应链的计划是重要的支撑。在供应链主计划下可以进行分解,包括生产计划、产能规划、采购计划,从而形成了完整的计划链条,保障公司业务发展。

计划来源于预测,同时也要考虑平衡:华为公司的计划是18个月滚动计划,基本每个月要做一次滚动。前6个月的计划直接指导生产活动和采购计划,必须准确。计划支撑了整个公司的不同业务,也保证了生产物料及生产计划的准确。所谓销售和预测会议是公司的例行活动,供应链计划本身也考虑到存货的问题,特别终端供应起来之后,对于快销品类的行业也有一些特殊的考虑。

供应链能力提升成为公司核心竞争力的一部分,有效支撑了公司高速发展。公司现在的供应链也对外提出了"四个一"承诺:软件交付一分钟,打合同一分钟,订单发货一周,安装交付一周。这一切都是供应链对业务本身的承诺,也是对客户的承诺。

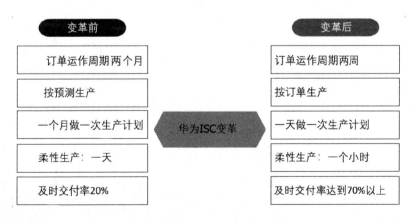

图 2-11 华为 ISC 变革前后对比

第三章 激励
——意愿就是生产力

　　有了正确的决策，制定了科学有效的运营体系并付诸行动，只是保证了发展的方向与实现的路径，而执行是否到位，需要组织的活力与动力，有赖于组织的激励机制。从个体角度看，激励包括自我激励与外部激励，企业在经营管理中最有效的激励是通过组织激励来激活员工的自我激励系统，激发员工强烈的工作意愿，这种自觉的意愿是推动企业发展的强大生产力，正如"知之者不如好之者，好之者不如乐之者"，说的就是自我意愿能动性的作用，激励的最高境界是员工乐于工作，而这个"乐于"是建立在满足个人需求的基础上，所谓"痛并快乐着"的境界。

　　大凡成功人士都是自我激励的高手，养成了良好的工作习惯，正如鲁迅先生所说的"哪里有天才，我只是把别人喝咖啡的工夫用在工作上罢了"。李嘉诚17岁时开始创业做推销员，别人工作8小时，他坚持工作16小时，深刻体会到赚钱不易，体味到生活不易，他之所以能够坚持，就是因为心中有一个强烈的愿望，正是这种愿望支撑着他，激励着他。稻盛和夫说，除了拼命工作，没有其他诀窍。他 27 岁的时候创建"京瓷"，心中只有一个信念，就是不能让公司倒闭。他拼命地工作，常常从清晨干到深夜，不懈努力。纵观古今中外，凡是伟大的企业家都是高超的激励大师，可以说不懂激励，就不懂管理，没有激励也就没有管理。一支装备再精良的部队，如果没有作战意愿，武器装备反而是累赘；相反，历史证明，如果有强烈的作战意愿，即使装备落后也能克服一切困难，战胜武装到牙的敌人。任何组织的生存和发展，唯有激励才是前进的动力。

第一节　激励的内涵

一、激励的概念

企业激励就是激发员工的工作激情和斗志，鼓励员工努力工作。激励可以分为物质激励和精神激励两大类，物质激励如业绩提成和奖金等，精神激励如授予称号、荣誉等。广义讲，激励可以分为正向激励和负向激励，正向激励即表扬褒奖，而负向激励则是批评甚至按照企业规章制度进行处罚。表彰是让人们知道该做什么，弘扬好的；而批评处罚则是使员工知道不该做什么，贬抑不好的。企业激励应以正向激励为主，负向激励为辅。

在企业管理中，激励贯穿全过程，没有激励，就无法有效调动员工的工作积极性，无法激发员工的创新激情和动力。有效激励能凝聚团队，点燃奋斗激情，引导员工正确的工作动机和努力方向，激发员工超越自我的强烈欲望，激发员工的潜能。激励不仅仅是企业人力资源部门的事情，而是所有管理者必须掌握的管理技巧。好的管理者必然善于激励团队成员，不懂激励就不懂管理。同时，管理者也要教育所有员工学会自我激励，教给他们自我激励的方法。

企业要建立一套系统有效的激励机制，营造有利于实施激励的人文环境。建立在适合企业管理机制上的激励才是科学有效的激励，否则，随心所欲的激励弄不好会适得其反。例如，有些老板心血来潮，随便允诺给某员工加薪或奖金，而不是建立在对价值贡献基础上公平合理的薪酬激励机制，会对其他员工产生极大的负面影响，导致激励一个打击一片。为此，企业一是要打造健康向上的企业文化，倡导创新探索，营造良好氛围，保持积极活跃的思想状态；二是要建章立制，建立科学适合的激励制度，正确评估员工的价值贡献，体现多劳多得，奖勤罚懒；三是激励机制要建立在企业内部良性的竞争基础之上，没有竞争就没有动能，正如水一样，没有势能就没有冲击力，就没有活力，就会变成一潭死水。

西方资本主义的发展探索出了许多成熟的激励理论和实践应用。激励原理本质上属心理学范畴，满足人的各层次心理需要，使其产生积极的心理反应。激励的作用就是通过满足人的需求预期，引发行为动机，从而产生动力。美国著名社会心理学家亚伯拉罕·马斯洛提出的需求层次理论是心理学中的激励理论基础，被称为人类需求的五级模型，通常被描绘成金字塔内的等级，从层次结构的底部向上，需求分别为生理、安全、社交、尊重和自我实现，这五阶段需求模式对激励的设计产生了深远的影响。

例如，员工做了一件自认为有价值的事情之后，会渴望得到上司的表扬，这时候上司及时予以表扬，员工便会得到心理满足感，以后就会继续做类似的事情，会更加努力。如果得不到及时的认可，员工便会泄气，积极性受到抑制。可见，激励就是持续不断地满足被激励者各层次的需求，但不同需求产生的激励效果不同，管理者应掌握激励这种不同的原理。

二、双因素激励理论

激励因素—保健因素理论是美国的行为科学家弗雷德里克·赫茨伯格（Fredrick Herzberg）提出来的，又称双因素理论，双因素理论是他最主要的成就。20 世纪 50 年代末期，赫茨伯格和他的助手们在美国匹兹堡地区对 200 名工程师、会计师进行了调查访问。他发现，使职工感到满意的都属于工作本身或工作内容方面；使职工感到不满的，都属于工作环境或工作关系方面。他把前者叫作激励因素，后者叫作保健因素。

保健因素包括公司政策、管理措施、监督、人际关系、物质工作条件、工资和福利等。当这些因素恶化到人们认为可以接受的水平以下时，就会产生对工作的不满意。但是，当人们认为这些因素很好时，它只是消除了不满意，并不会导致积极的态度，这就形成了某种既不是满意又不是不满意的中性状态。

那些能带来积极态度、满意和激励作用的因素就叫作"激励因素"，就是那些能满足个人自我实现需要的因素，包括成就、赏识、挑战性的工作、增加的工作责任，以及成长和发展的机会。如果这些因素具备了，就能对人们产生更大的激励。从这个意义出发，赫茨伯格认为传统的激励假设，如工资刺激、人际关系的改善、良好的工作条件等，都不会产生更大的激励。它们能消除不满意，防止产生问题，但这些传统的"激励因素"即使达到最佳程度，也不会产生更大的激励。

根据赫茨伯格的研究发现，经理人应该认识到保健因素是必需的，不过它一旦使不满意得到中和以后，就不能产生更积极的效果。只有"激励因素"才能使人们有更好的工作成绩。

双因素理论告诉我们，满足各种需要所引起的激励深度和效果是不一样的。物质需求的满足是必要的，没有它会导致不满，但是即使获得满足，它的作用往往是很有限的、不能持久的。要调动人的积极性，不仅要注意物质利益和工作条件等外部因素，更重要的是要注意工作的安排、量才使用、个人成长与能力提升等，注意对人进行精神鼓励，给予表扬和认可，注意给人以成长、发展、晋升的机会。随着人们物质"小康"问题的解决，人们对精神"小康"的需求也越来越迫切。

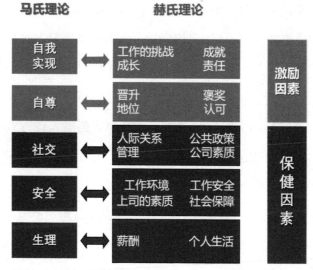

图3-1 马斯洛需求层次理论与赫茨伯格的双因素理论对比图

三、从人性角度看激励

二战期间，美国空军降落伞的合格率为99.9%，这就意味着从概率上来说，每一千个跳伞的士兵中会有一个因为降落伞不合格而丧命。军方要求厂家必须让合格率达到100%才行。厂家负责人说他们竭尽全力了，99.9%已是极限，除非出现奇迹。军方（也有人说是巴顿将军）就改变了检查制度，每次交货前从降落伞中随机挑出几个，让厂家负责人亲自跳伞检测。从此，奇迹出现了，降落伞的合格率达到了100%。

英国将澳洲变成殖民地之后，因为那儿地广人稀，尚未开发，英政府就鼓励国民移民到澳洲，可是当时澳洲非常落后，没有人愿意去。英国政府就想出一个办法，把罪犯送到澳洲去。这样一方面解决了英国本土监狱人满为患的问题，另一方面也解决了澳洲的劳动力问题，还有一条，他们以为把坏家伙们都送走了，英国就会变得更美好了。

英国政府雇用私人船只运送犯人，按照装船的人数付费，多运多赚钱。很快，政府发现这样做有很大的弊端，就是罪犯的死亡率非常之高，平均超过了10%，最严重的一艘船死亡率达到了惊人的37%。政府官员绞尽脑汁想降低罪犯运输过程中的死亡率，包括派官员上船监督，限制装船数量，等等，却都实施不下去。最后，他们终于找到了一劳永逸的办法，就是将付款方式变换了一下：由根据上船的人数付费改为根据下船的人数付费。船东只有将人活着送达澳洲，才能赚到运送费用。新政策一出炉，罪犯死亡率立竿见影地降到了1%左右。后来船主为了提高生存率还在船上配备了医生。

可见在任何组织中，好的制度设计，能让坏人干不了坏事；不好的制度设计，会让好人变坏。历史上人类社会的道德与法制根本上就是阻止干坏事，提倡干好事，从而维护良好的社会秩序。

在企业中，每一位老板都希望员工能像自己一样勤奋，全身心投入工作，自动自发履行好职责，把每一个细节落实到位，站在公司全局思考问题，具有创新思维，具有超强的解决问题的能力与超高的执行效率。但这往往是一厢情愿的想法，因为这是违背人性的，员工不像老板一样具有对公司的所有权，以及对等的收益权，怎可能会像老板一样？员工关心的就是他的工资部分，与工资相关的他会重视，不相关的就不会重视，要让员工具有老板思维，一定要让员工具有对公司的所有权与收益权，让一切和他有关。如何才能让员工像老板一样工作呢？答案就是通过设计股权激励机制让人才具有所有权与收益权，进入老板的角色。

深圳做餐饮的李总做了股权激励之后，员工积极性被激发，核心团队上下齐心，正应了那句"人心齐，泰山移"。一年后，公司规模迅速扩大，利润大增，员工的收入也大增，成本大幅降低，公司竞争力在行业中明显上升。

人性的弱点，需要制度和规则的约束，无论是多年至交还是亲朋好友，正如"亲兄弟，明算账"的古训，没有规则的共同创业、共同做事，会留下极大隐患，甚至是灾难。

苏总是一家互联网公司的创始人，他和另外一位联合创始人都曾是某互联网企业的高管。他们在 2016 年带着十几个员工踏上了创业征程，起初因过去技术及市场资源的积累，业务增长迅速，发展势头良好。然而好景不长，至 2018 年，他就带着几个手下退出了这个创业团队。

说起这段失败的创业经历，苏先生说，开始的时候跟同事是一拍即合共同创业，因为是好朋友，知道对方的底细，沟通成本低，有利于团结，创业风险也相对低一些。但是做到一定的规模以后，矛盾逐渐出现，特别是合伙人决策的问题，因为是朋友合伙，当初也没有制定科学的议事规则，只是约定按照51：49的比例分配股权，并且持股比例高的那个人有否决权。但在真正的决策过程中，两人却因为意见不一争论不休，浪费了大量时间，错失了不少良机，而且形成了不好的团队氛围。

苏总表示，"我通常会支持对方的立场，毕竟大家是并肩作战、相知多年的好朋友。但是后来他经常行使他的'否决权'，我慢慢感到两个人对公司未来发展愿景不一致，产生了不少隔阂，最终我们还是分开了"。

他反思这段合伙经历时，明白了管理规范化要求的重要性。联合创始人协议应该明确列出每个创始人的职责，包括管理架构、股权结构、每个创始人的退出机制和股权转让限制等方面。通过约定的规则来应对不确定的事情，以避免日后的分歧导致不好的结果。

古人有言，"天下熙熙皆为利来，天下攘攘皆为利往"。我们没必要讨论人性本善还是本恶，任何管理机制都是授权的同时配套相应的监督，既相信他的能力，给他足够的权和利，又怀疑他的本性，要用制度来激发他人性中天使的一面，还要用制度来约束他不好的另一面。华为以价值贡献及责任结果来进行价值评价，就是基于人性的角度，用价值贡献这一规则来进行价值评价，作为员工价值分配的重要依据。可以说，科学公平合理的激励机制，是基于人性角度思考的结果。

◆ 案例：沃尔玛员工激励制度

在财富世界500强的榜单上，你可以看到一个长期的霸主，那就是沃尔玛。从2007年至2019年，在这13年当中，沃尔玛有八次都是榜单第一，只是在2012年落到第三，2013年到了第二。看了这个成绩，按照学生们的说法，沃尔玛无疑就是企业界的超级"学霸"。我们不禁要问，是什么让沃尔玛在全球的企业中总能保持这么优秀呢？原因肯定有很多。

沃尔玛公司创始人山姆·沃尔顿对待人力资源的眼光无疑是超前的。在他那个年代，雇员往往被看作需要尽量削减的"成本中心"，而沃尔顿却把他们看成一种需要培养和管理的资本，而正是这一超常的认识使沃尔玛终于在今天登上了零售业全球霸主的地位。零售商们如何正确评估员工创造的价值？员工的问题究竟出在哪里、如何解决？这些长期困扰着财务部门的问题终于有了解决方法。

如今看来，当年沃尔顿的行为似乎已不再代表一种革命性的眼光。为了在当今市场上争得一席之地，高级经理已经知道他们必须吸引并留住最好的人才。但是他们的做法却凸现了一个在很多公司中都明显存在的局限性：这些公司的管理系统仅仅专注于如何有效地利用这些资本，而不是员工。山姆·沃尔顿经营理念的创新，就是他坚持认为：善待员工就是善待顾客。

这个极其重要的事实，从表面上看似乎是矛盾的，就像折价零售商信奉的"售价越低，赚的就越多"的原则一样。但是，它又是完全合理的，那就是公司越与员工共享利润，不管是以工资、奖金、红利，还是以股票折让的方式，源源不断流进公司的利润就会越多。因为员工们会不折不扣地以管理层对待他们的方式来对待顾客。公司善待员工，给员工以归属感，那么员工们就能够善待顾客，顾客们就会不断地去而复返，顾客多了，销售额上升，利润自然上升，这正是零售行业利润的真正源泉。把新顾客拉进商店来，做一笔生意算一笔，或不惜血本大打广告是达不到这种效果的。

沃尔玛顾客称心满意，反复光临，是沃尔玛公司能够获得惊人利润的关键。而那些顾客之所以愿意经常光顾沃尔玛，是因为公司的员工比其他商店的售货员待他们更好，而员工的态度又来自管理者对他们的态度。山姆·沃尔顿很早就说过要善待员工，因为他明白这就是在善待顾客。就满足顾客需要而言，山姆·沃尔顿深知第一线员工扮演着非常重要的角色，于是，沃尔玛公司推出了一系列策略，例如员工入股、利润分享等。一方面强化组织的能力，一方面激励第一级员工快速周到地满足顾客的需要。甚至为了员工，沃尔玛调整了组织结构，使分店有 36 个部门。在同类的折扣店里，凯玛特店只有 5 个部门。因此，商店项目分类越细，训练越耐心，员工对顾客的服务就越周到。

为了激励员工们不断取得最佳的工作业绩，沃尔玛公司设想出许多不同的计划和方法。其中最核心的一条，是感激之情。山姆·沃尔顿相信所有人都喜欢受到别人的赞扬，希望得到别人的肯定。因此，公司应该找出值得表扬的事，寻找出色的东西，要让员工们知道他们的杰出表现，让他们知道自己对公司而言有多么重要。

公司专门创办了一个员工杂志——《沃尔玛世界》，这是一个对员工大加赞扬的讲坛。杂志上亲切地叙述着利润分成的不断增长，以及即将退休的员工得到的高额分红。而且，这会使员工们详细地回想起过去。不可避免地，人们常常会回想起山姆·沃尔顿，每当提起他时，员工们总是亲切地称他为山姆先生。"有两件他告诉过我们的事，我永远不会忘记"，杰希·兰卡斯特在一期特刊里说，这位店员曾在山姆·沃尔顿新港的第一个商店里工作过，后来调到新港的沃尔玛店，"他对我们的工作大加赞扬，他还会告诉我们，永远都要以为自己是无人能取代的重要人物。我以前从未听人说过，以后也再没有听到有人这样讲过。"沃尔玛的员工对公司、对山姆·沃尔顿有着一种异乎寻常的钟爱，也把同样的衷情回报给了顾客。这使员工、公司、顾客都得到了益处。

沃尔玛公司还十分重视对员工的精神鼓励，总部和各个商店的橱窗中，都悬挂着先进员工的照片。各个商店都安排一些退休的老员工，身穿沃尔玛工作服，佩戴沃尔玛标志，站在店门口迎接顾客，不时有好奇的顾客会同其合影留念。这不但起到了保安员的作用，而且也是对老员工的一种精神慰藉。公司还对特别优秀的管理人员授予"山姆·沃尔顿企业家"的称号，目前此奖只授予了5个人，沃尔玛中国公司总裁就是其中的一个。

为了给予员工不断的激励，以鼓励他们创造更好的工作业绩，沃尔玛在激励制度方面也做出了不断的努力和尝试，从各方面激发员工的工作热情。

1. 多种薪资制度相结合

沃尔玛在薪资给付时，针对员工本身的特点和工作情况，采用了多种计酬方式：

（1）固定薪资制。按照同业比较认定的职位价值核定给薪标准，不断吸引人才加盟沃尔玛。

（2）薪资加奖金制。除固定薪资外，另行增加销售奖金或目标达成奖金的方式。

（3）单一奖金制。薪资所得完全来自奖金，没有保障薪资，奖金高低完全决定于销售成绩或达成目标的状况。

（4）钟点计薪制。以工作时数作为薪资计算的标准，主要用于吸引兼职人员。另外这一方法也对工作累计达一定时数的员工产生了持续的激励作用。

（5）论件计酬制。工资＝生产件数 × 每件工资额，沃尔玛把它使用于包装工人的身上，大大提高了员工的办事效率和积极性。

2. 奖金及福利制度

（1）固定奖金：沃尔玛采用固定月数的年终奖金，除去了员工的担心和紧张。

（2）依公司营运状况决定：沃尔玛对员工的一部分奖金金额依公司年度营运状况而定，将员工绩效表现及员工职级列入发放参考指标。

（3）依部门目标达成状况决定：依照部门目标设定预拨比例金额发放，每月或每年目标达成即发放。

（4）保险：劳工保险、公司团体保险、员工意外险及汽车保险等。

（5）休闲：国内外旅游招待或补助、休闲俱乐部会员卡、社团活动和员工休闲中心等。

（6）补助：子女教育补助、急难救助、紧急贷款、生日礼物和购物折扣等。

（7）进修：在职进修、岗内培训等。

（8）奖励：分红奖金、员工入股、资深职工奖励和退休金等。

3. 晋升制度

（1）明确的晋升渠道。员工进入一家公司后的未来升迁发展，经常是员工最关注的问题，因此，沃尔玛将晋升路线制度化，并让员工充分知悉这一制度，使员工对其职业生涯发展有明确的依循方向。

（2）公平的评选方式。沃尔玛晋升的选拔完全取决于员工的个人业绩及努力程度，而非上级主管个人的喜好。

（3）晋升与训练相结合。在人员晋升的选拔过程中，沃尔玛的员工在完成相关的训练后，再经由考试测验合格才能取得晋升资格，如此对人员素质的提升大有裨益。

　　沃尔玛在实现对员工的激励工作中，充分协调了以上的方法和手段，使员工充分发挥了各自的才能和工作能力，为公司创造了一次又一次的销售高峰。

第二节　激励方法

一、激励的空间维度

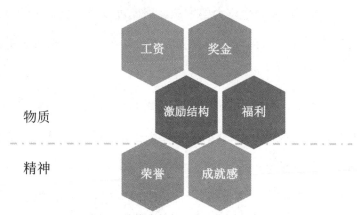

图3-2　激励内容的空间结构示意图

1.物质层面的激励设计

　　物质激励是以满足物质欲望为基点出发，激发行为动机，驱动积极向上的动力，从而激发行动力与创造力。从马斯洛的需求层次理论中可以看出，在企业当中，物质激励主要是满足基础的生理需求，当然也带来了荣誉感，得到了尊重。可以说薪酬体系要符合人性需求，是企业管理激发人员斗志的内核，也是企业选育用留人才的基石，如木之本、水之源。有竞争力的薪酬才能吸引高素质人才，只有公平合理的薪酬结构才能激励员工努力工作，从而推动组织目标的实现。

人类社会自古以来的社会变革，都是围绕着分配机制来展开的，无论是商鞅变法、王安石变法还是现在的改革开放，其核心都是分配机制的变革。"不患寡，而患不均"，建立公正公平的分配机制，是人类社会一直存在的重大课题。建立有效的薪酬激励机制，也是所有企业在经营管理当中最难解决的矛盾，尽管管理学理论提倡价值分配的依据是价值创造，即谁的贡献大，谁就多分配。但难在价值大小的衡量标准，价值大小的评估难以做到绝对的公平。过去计划经济年代，强调平均，结果导致"吃大锅饭"，严重制约社会生产力的发展。因此可以说，公平是相对的，没有绝对公平的存在，所以我们尽量做到相对公平，建立相对公平的薪酬体系。

价值如何衡量，薪酬标准如何确定呢？价值与人的能力强弱相关，与岗位强相关，一个能胜任 CEO 的人，如果去做保安，其价值只能在保安岗位上体现，拿保安的薪酬，这是由岗位责权决定的，当然因为具备 CEO 的能力，会比一般的保安做得更好，但充其量只能是保安中的优秀员工。因此，薪酬是基于岗位价值，而不是能力。当然，某个人在岗位上的价值是默认其是胜任的，如果不胜任就要调整，这是能力高配，人与岗要适合。岗位价值主要由五方面决定：影响范围、责任大小、工作难度、工作强度和任职条件。应以此为基准，建立岗位薪酬标准：

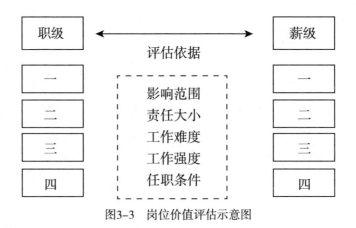

图3-3　岗位价值评估示意图

典型薪酬结构 = 岗位工资 + 绩效工资 + 奖金 + 福利

岗位工资以岗位价值为基准设计；绩效工资以绩效结果为导向，按相应绩效系数与绩效工资基数相乘得出结果；奖金以经营目标承诺完成情况为依据，依据于利润指标；福利设计为普适性，与服务年限强相关，与岗位弱相关，除了政府强制性福利外，企业福利应体现在对员工的人文关怀及成长鼓励上，如集体旅行、结婚贺礼、生日礼物、法定继承人丧事慰问金、父母六十以上逢十寿礼、社会荣誉贺礼、在职资格证书奖励、在职进修奖励、在国家级专刊发表文章奖励等。

【场景案例】人事专员小刘的薪酬结构

小刘人力资源本科毕业4年，已入职公司2年，季度考核为90分，属优秀档次，在今年取得人力资源管理师证书。小刘的薪酬结构如下：

（1）岗位工资：小刘属于人力资源专员，按岗位级别为二级，工作4年并入职2年，属于二级三档，二级工资范围为5000—6000元／月，其中三档为5600元／月。

（2）绩效工资：小刘绩效工资基数为2000元，考核结果为优秀，系数为1.2元，绩效工资为2400元。

（3）奖金：公司年度利润为5000万元，人力资源部分配系数为5‰，共25万元，小刘在人力资源部的奖金系数为10%，分配年度奖金2.5万元。

（4）福利：小刘今天取得人力资源管理资格证，奖励3000元；小刘结婚得贺礼2000元。

上述案例的薪酬结构，既体现了员工的岗位价值、员工的绩效表现，也体现了公司利润带来的价值分享，同时公司又对小刘进行了人文关怀。这样小刘的积极性调动起来了，工作上不断努力，自我也在成长，同时感受到公司的人文关怀。

2. 精神层面的激励设计

从双因素理论角度看物质激励着重于保健因素层面，当人们认为这些因素很好时，它只是消除了不满意，并不会导致积极的态度，这就形成了某种既不是满意又不是不满意的中性状态。而那些能带来积极态度、满意和激励作用的因素叫作"激励因素"，这是那些能满足个人自我实现需要的因素，包括成就、赏识、挑战性的工作、增加的工作责任，以及成长和发展的机会。从马斯洛的需求层次理论看，物质满足属于较低层次的需求，高层次需求是自尊、自我价值的实现。

从中可以看出，精神层面的激励真正属于"激励因素"，主要包括荣誉感、责任感、成就感、成长和发展机会等。

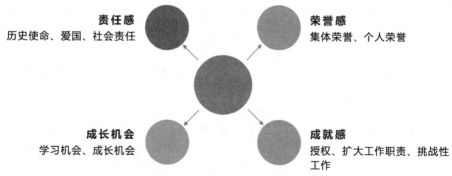

图3-4　精神层面激励设计结构示意图

责任感，可以激发员工爱国精神及社会责任。如为了振兴民族产业，实现伟大的中国梦而共同努力。履行社会责任，是每个公民应尽的义务，尤其是当灾难来临时，社会责任能激发员工的斗志。如这次新冠肺炎疫情袭击我国时表现出的一方有难、八方支援的精神，有些医护人员忘我工作，甚至抱定自我牺牲的精神共同打赢这场病毒阻击战。如深圳市尚为集团，每当社会出现灾难时，所在地的员工就会第一时间组织救灾活动，利用公司车辆、公司产的工业照明灯，为灾区现场提供服务，汶川和玉树大地震、武汉疫情、郑州水灾等都有他们支援灾区、无私奉献的身影。通过组织支援灾区工作，不仅履行了社会责任，帮助当地灾民重建家园，同时树立了良好的企业形象，激发了员工的社会责任感，引导员工形成积极向上的奉献精神。

荣誉感与成就感都属于名的范畴，追求名利是人性，在中国传统文化中往往名大于利，舍身成仁，就是为了名义。多少仁人志士为了国家的荣誉而战，捍卫荣誉能激发出比追求物质更大的能量。对表现优秀的员工可以颁发优秀员工奖、金牌员工、总裁奖、创新奖等，对表现优秀的集体可以颁发集体荣誉称号。扩大工作职责，授予更多权限，更可以带来成就感。

成长和发展机会，如给予挑战性工作、进修的机会、轮岗学习等，给员工带来了更多成长机会，丰富了知识，提高了技能，为职业升迁打下更好的基础，带来了更多的希望与可能。激发员工自我提升，创造更好业绩，争取更多机会。

根据亚洲最佳雇主的员工满意度调查显示，员工最关注的激励因素排在第一位的是工作本身，即能力发挥、责任、工作挑战性、成就感、组织环境。由此可见，精神激励是以个体意识形态特征为向导，以满足较高层次的需求为最终目标，通过有效手段影响人的心理活动路径，从而激发动力，影响个体行为的选择。精神是人的魂之所在，只要有正常的思考能力，精神便是永存于人体内部的秘密花园，精神激励模式也将是以"永动机"模式一般产生不竭动力的秘密之源。

个体积极性是以物质利益为基本动力而激发，而个体在精神需求上获取的满足感相较于物质需求的满足是更高层次的动力所在，拥有更加持久而强大的推动力量。同时，精神激励具有以爱为出发点、非报酬式低成本手段、高效能动力激发三大优势，对企业而言，能够从单纯的物质给予无休止循环中跳脱，另辟一条途径，激发员工不断进取的精神与昂扬的斗志。

在企业管理实践过程中，精神激励模式一般具有强化、诱导和激发三大作用。强化作用分为正强化作用和负强化作用，可以鼓励企业职工保持优秀的工作习惯，也让破坏整体工作效率的不良行为受到限制；诱导就是通过强大的企业文化为员工树立工作样本，刺激员工自发形成向上进取心的一系列趋势行为。据心理学研究，外部力量对精神的启发刺激作用远不如来自个体内部力量的刺激效果明显和持久，所以企业管理层应该善于发掘和启发员工内在的积极要素，通过合适的方式将它转变为员工自身的内在需求，从而产生内部动力并在工作岗位中发挥出来；激发是通过直接的榜样塑造模式，以这种感染力强的方式刺激员工的生产积极性，也是最直接和有效的精神激励办法。

当前社会经济正处于转型阶段，企业员工多属于新型知识人才，对精神激励的需求远远高于物质激励，这也是未来人才激励模式的发展方向。

二、激励的时间维度

人的主观能动性受激励目标牵引，而目标有短期与长期之分，短期目标的实现通常是为了眼前利益，持久性不强。短期目标与短期利益相联系，一旦利益兑现，激励也随之消失，为了短期利益有可能会不惜放弃或破坏长期利益。根据美国著名心理学家和行为科学家维克托·弗鲁姆的期望理论，人总是渴求满足一定的需要并设法达到一定的目标。这个目标在尚未实现时，表现为一种期望，这时目标反过来对个人的动机又是一种激发的力量，而这个激发力量的大小，取决于目标值（效价）和期望概率（期望值）的乘积：

期望值：个人对其行为达成预期目标可能性大小的判断；

效价：达成目标对个人需要满足价值的高低，也就是目标对满足需要的重要性；

关联性：工作业绩与所得报酬之间的关系。

这个公式表明，激发力量的大小与效价、期望概率有密切的关系，效价越高、期望值越大，激发力量也越大，反之亦然。如果其中一个变量为零（毫无意义或毫无可能），激发力量也就等于零。这就说明了为什么非常有吸引力的目标也会无人问津。这就要求企业在设定目标时一定要切实可行，目标太高，根本不可能实现，激励也会变为零。而期望是有一定时效性的，短期目标时效性短，激励时间也短，长期目标时效长，激励时间也长。但若都是长时间的目标，不能满足短期利益需求，也会影响激励效果，甚至认为企业是在给员工画饼。因此，激励目标的设定需要短中长结合。

企业的发展如人的成长一样，是长期的发展变化过程，短期目标通常为一年内，中期目标为三年至五年，长期目标在十年以上。为了推动企业持续发展，通常要把短期目标与长期目标相结合，当短期利益不符合长期目标的发展时，往往要放弃，否则企业将没有未来。所以，对于员工的激励也需要短期激励与长期激励相结合，正确处理好企业发展过程中短期利益与长期利益的矛盾。

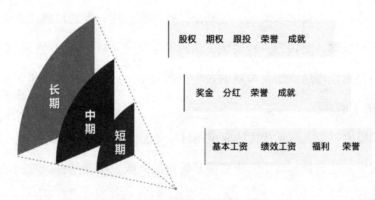

股权　期权　跟投　荣誉　成就

奖金　分红　荣誉　成就

基本工资　绩效工资　福利　荣誉

图3-5　激励的空间结构示意图

为了使企业发展各阶段目标及相关利益协调一致，对处在企业不同层级的人员采取的激励方法不同，基层员工以短期激励为主；中层管理者短、中期相结合，适当考虑长期激励；高层管理短、中、长各占 1/3，尤其是长期激励适合于企业核心骨干成员，西方发达国家把长期激励称为高级人才的"金手铐"，是留用高级人才的有效方法。长期激励的目的是"以众人之私，成就众人之公"。使企业的利益与员工个人利益一致，激发事业成就感，与企业共生共荣，使得人人具有老板的思维，具有老板的责任与担当。

华为把奖金包分成三份，分别给栽树的人、培育树的人、摘果子的人。体现了短、中、长期目标的结合，栽树的人着眼于未来，树苗刚长成不可能马上开花结果；培育树的人着重于成长过程的能量输入，属于中期目标；摘果子的人着重于当下，是短期目标的收获者。这样把企业发展当成全过程看待，既注重短期利益，又着眼于中期与长期利益，企业才能生生不息。而现实中有些企业激励机制没做好，员工都追求短期利益，为了追求短期业绩，出现不惜欺骗坑害客户的行为，使企业的名誉受损，品牌受到破坏，从而导致企业失去了未来。大量实践证明，所有不诚信、目光短视、采取"宰客"行为的企业，为消费者所不齿，都是不可能长久的。尤其是现在价值敏感高于价格敏感的时代，客户更加注重品质，注重性价比，唯有扎扎实实，抓好品质，满足客户需求，注重长期发展目标，企业才可能永续经营与持续发展。

◆ 案例：一块钱激励员工

一家生产压缩机的老国有企业，新领导来之前，公司已经三年不挣钱了，员工只拿着基本工资，没有任何奖金。厂区的草长得比人都高，车间玻璃没有几块像样的。新厂长接任以后，第一件事就是号召员工割草、扫院子、安装玻璃、在车间地上画叉车行走的线。

麻木的灵魂开始被唤醒了，正气开始上升了，他集中公司所有的技术与生产优势，完成了来自江苏的两台机器订单。他们派出了一个小分队，到江苏给客户做调试，调试成功以后，尾款就可以拿回来了。这次成功意味着什么，意味着三年第一次见到收益。

怎样激励一下员工呢？如何鼓舞一下斗志呢？这位厂长把几百名员工集中到大食堂，然后让后勤部买了两挂鞭炮，贴了大红标语，等待着江苏那边的喜讯。

江苏调试设备的员工打来电话说："报告老总，我们的两台机器一次试验成功！客户非常满意。在我们的验收单上签字啦！我们马上就把验收单带回去，坐今天晚上的车，明天早上就到工厂了。"

当电话打过来的时候，厂长在大厅里面拿着他的手机对着麦克风说："你跟我们所有的员工讲。"他的员工就通过手机向团队报告了这个喜讯，厂长宣布："发红包，放鞭炮！"

全厂压抑了三年的郁闷，通过一声声炸响的鞭炮都释放出去了，每人都得到了一个红包，红包里多少钱呢？一元钱，虽然是一元钱，总经理对大家说："这一元钱不是让大家花的，是让大家珍藏的纪念品，是一个历史的结束，也是一个新时代的开始。"号召全体员工知耻而后勇。

从此以后，这家公司的懒惰、麻木、颓废一点点消亡了。知耻、奋斗、执行的意识重新回到了团队中，他们最终走出了"死亡之地"。

第三节　动力的来源

为什么员工没动力？主要是员工的价值创造与个人收入不平衡，内部产生不公平感。依据亚当斯公平理论，员工的收入与付出比应该相对平衡，当其小于平均数时，员工会要求增加分子（薪酬），或减少分母（付出），求得内心的公平感，员工的积极性来自公司良好的激励机制，能体现个人价值回报，并随着公司的发展，不断完善优化。可以说，良好的激励机制是组织成员的动力源泉。

一、驱动力的意义

尽管有的企业组织结构合理，职责清晰，分工明确，管理体系比较健全，从公司到部门再到员工，目标层层分解，计划环环相扣，但执行结果却打折扣，不尽如人意，员工积极性不高，高层抱怨中层，中层推责员工，员工感觉高层不理解，企业缺乏内在驱动力，导致人浮于事，组织乏力。可以说，没有驱动力，再好的方案都难以落地，都只是纸上谈兵，毫无成效。

驱动力是运营的活力。企业动力的激发点很多，比如，企业的目标产生目标牵引力。清晰的目标对员工产生激励作用，鼓舞人心的目标激发内心的工作激情。物质激励能产生强大动力，而且是十分重要的常规动力。

物质利益是每一位员工的共性追求，除了物质利益，还有精神利益。精神激励也是重要的动力源，人具有复杂的心理活动，可以通过思想工作鼓舞士气，激发斗志。企业管理者要深知驱动力的重要性，在运营过程中运用驱动力激发团队活力。

动力应该是自动自发的。外因是变化的条件，内因才是变化的根本，真正有效的动力不是靠外力，外力的促动不长久而且不强烈，只有激发出员工内在的动力，才能真正产生工作的活力。激发内在动力主要靠企业文化，而不是施加管理压力。心悦诚服才能形成自觉的行动，管理者不能管制员工，而要说服员工，要把管理者的意志内化为员工意志。这样才能实现动力不因环境变化而减小，不因人员变动而改变。

二、动力的驱动因素

动力的驱动因素很多，大概可以分为外部驱动因素和内在驱动因素。外部驱动因素也分很多类型，人们常说没有压力就没有动力，这种压力虽然也可以是自己给自己施加压力，但一般而言指的是来自外部的压力。企业运营管理中，管理者要掌握施加压力的火候和时机，恰当地施加压力。不施加压力肯定不行，人都有惰性，不施加压力，员工就会懒散，就会不思进取，就会随波逐流。但是压力过大的危害也很大，压力过大会使员工产生焦虑，影响他们的心理健康，另外，强压之下必然会导致投机取巧，会导致为了达到目的而不择手段，这样的情形也不是任何企业想要的。

内在驱动因素主要来自员工自己的心理需求。需求产生动机，动机衍生动力。员工的心理需求有共性，也有个性。有实现理想的需求，有物质需求，也有精神需求。只要有需求，便会产生动机。有动机不一定就必然有动力，有的人虽然有动机，但只是停留在想想说说，落实不到行动上。所以，将动机转化为动力这个环节十分关键。动机转化为动力需要先决条件，比如勇于实践的良好个性品质、具有实现需求的能力素质、适宜行动的环境条件等。企业管理者要了解属下的个性特点，清楚地了解他们各自不同的心理需求，然后帮助他们为实现心中的梦想而奋斗，为他们提建议，提供帮助。

三、自我价值的认可

在基本满足了衣食住行之后，人们便会有更高层次的心理需求，比如得到社会的认可，得到周边同事的认可。中国传统的光宗耀祖，就是个人价值的实现，可以为祖宗争光，而这也是产生强大动力的根源。为了实现自我价值，内心会产生努力奋斗的激情和动力。自我价值认可产生的动力因人而异，因事而异，有的人强烈，有的人相对较弱，强弱与个人的成就感大小及目标高低相联系。当所定的目标不高时，带来的成就感也低，产生的动力也就弱；当所定目标比较高而且通过努力可以完成时，便会产生强烈的成就感，行为驱动力变得强烈。在企业管理中，员工的驱动力与企业目标在合理范围内成正相关。越是崇高的目标，产生的驱动力越强大、越持久。

在近代中国，面对旧中国贫穷落后、任列强欺凌的现状，革命前辈产生了为中华崛起而奋斗的目标，不惜抛头颅、洒热血，前赴后继，终于取得了伟大的胜利。

四、及时收获的原则

企业目标和个人目标确定之后，为了达成这一目标，必须鼓足干劲努力工作。有的时候目标顺利达成，不但能获得愉悦的心理体验，而且能增强自信心。假如目标没有按照预期完成，运营中出现了许多问题，未能按照计划获得预想的结果，甚至遭遇失败，工作的激情受挫，驱动力减弱，甚至消失。不论企业还是个人，假如连续遭受失败，有可能会逐渐失去自信心，对自身能力等许多因素产生怀疑，心中积累了许多疑问。消极心理作用之下，人会逐渐失去进取的激情和信心，内在心理驱动力弱化。所以，制定目标的时候不能好高骛远，而要切合实情，考虑努力之后能不能实现目标。目标过高，失败的风险就大。目标太小也不行，会浪费企业资源，丧失发展良机。比较好的操作思路是先定一些比较容易实现的小目标，逐渐累积成功的心理体验，累积自信心。有了自信心之后，再逐渐提高目标，这样循序渐进更有利于可持续性发展。稳扎稳打，而不急于求成。

◆ 案例：技术人员激励

对于高新科技企业，创新是企业生存和发展的灵魂。但是创新项目研发周期过长或项目半途夭折等原因所造成的项目技术人员无法及时拿到薪金的问题，严重影响了技术人员的工作积极性。进行有效的技术人员激励，是高新科技企业的当务之急。如何进行有效的技术人员激励就成为企业管理者的烦心事。进行有效的技术人员激励，可以有效提高技术人员的工作积极性以及对企业的满意度，从而为企业创造更多的价值，企业也得到了更好的发展，实现了员工与企业的双赢。由此可见，进行有效的技术人员激励是企业实现长远飞速发展的关键点。

贵州省某液压股份有限公司是中国航空工业（集团）有限责任公司下属某航空液压有限责任公司独家发起的上市公司，是省级高新技术企业，具有近40年从事高压柱塞液压泵／马达研制生产的技术经验；是一家从事军用高压柱塞泵、马达研发、生产的军民结合型专业化企业，现有员工1500余人，经过40余年的创业发展，已经成为军民结合型航空航天和民用工程机械配套液压泵与马达科研生产的专业化大型骨干企业，是国务院批准的全国基础件特定振兴企业之一。

该公司是目前中国实力最强、规模最大的高压柱塞液压泵／马达科研、制造基地。公司拥有一支几百名具有高、中级专业技术职称的科研技术队伍；产品研制生产实现了CAD/CAM辅助设计和辅助加工。在军品的研发上，该液压公司致力于科技的不断创新，密切跟踪主机型号开发配套新品，在航空、航天领域的配套率达到90%以上，成为不可缺少、难以替代的专业化企业。在民用品的研发上，该液压公司的民用品在国内市场占有率高、配套面广、出口量大。自行研制开发的40个系列、600多个型号的高压柱塞液压泵／马达在国内同行业的市场覆盖面和占有率居于领先地位，产品广泛为国内工程机械、建筑机械、农用机械、矿山机械、冶金机械、船舶机械、工业机械、铁路机车等行业的液压系统提供配套；公司拥有自营进出口经营权，随着外贸出口不断增长，产品已远销国内外诸多地区，赢得了国内外用户的好评。

现状和问题：

该公司的主要产品是液压配件，所生产的产品不是产业链上的最终产品，需要根据主机型号来开发配套产品，一旦主机型号改变，液压配件就需要重新进行设计研制。这种现象往往导致设计部门的设计研发项目在外界客观影响的情况下半截夭折，项目没有成果，但是研发费用已投入很多，同时，由于项目没有按计划完成，研发设计人员的项目研发奖自然也就泡汤了，使得研发设计人员的研发积极性大大受挫。

同时，由于产品的特性，研发项目往往周期都比较的长，而对研发设计人员的激励措施是项目期间每月发放一定的工资，待项目研发成功后一次性地给予高额奖励，但是很多人员不看长远收益，非常关注目前的实际收入，鉴于目前现状收益与市场水平相比不具有竞争性，研发设计人员出现"孔雀东南飞"或者得过且过的状况，不能有效地激励技术人员投入项目研发之中。

另外，在新品研发过程中，往往涉及设计、工艺、加工等各个环节，而作为项目的负责人员，由于仅精通某一个环节的技术，所以在推动整个项目的过程中就会出现比较吃力费劲的现象。如何有效地调动每一个环节的研发技术人员的积极性，实现整个项目的高效运作，是该公司技术人员关注的关键之处。

针对该液压公司所呈现的各种问题，综合而言，就是关于如何对研发技术人员进行有效激励的问题。其激励难点主要体现在如下几个方面：

（1）由于产品不是最终产品，会受到主机型号的变化牵制，而且在对研发产品的市场认可应用性上也不能很好地加以明确鉴定。如果研发项目中途停止，那对技术人员是应该按照原先的约定进行相关奖金的发放，还是不予发放呢？

（2）项目周期长的特性与某些技术人员注重眼前利益的状况无形中形成了一定的矛盾。公司是该先预先发给技术人员一定的奖励，还是在项目结束后一次性奖励，往往成为企业权衡风险与收益的关键。

（3）涉及不同环节的技术人员在同一个项目中的合作，孰重孰轻，在项目负责人管理上存在一定的难度，同时，传统的以项目进行奖励的模式无法顾及每一位人员的价值体现，对技术人员的激励也就大打折扣。

对于这些难点，顾问团队提出了其对项目管理的一些见解，指明了对研发技术人员如何进行有效激励的新思路。

对于该液压公司而言，主要的项目多数是新产品开发、产品设计改进、工艺改进等为提高公司效益的技术性项目，项目成员主要包括设计人员、工艺人员、工装设计人员、质量技术人员及其他技术人员。在对这些技术人员进行激励方面，顾问团队发现，解决问题最有效的方法是设计一个合理有效的薪酬激励体系——采取项目津贴的模式进行激励。

对技术人员进行项目津贴激励时，其项目津贴的总收入，主要是从项目津贴、新增新产品收益、老产品的优化完善奖励和风险保障金四个方面来体现。

1. 项目津贴

主要体现技术人员参与产品开发、产品设计改进、工艺改进、质量攻关等环节的工作业绩，根据项目的不同难易程度确定不同的项目津贴金额，通过项目过程中的履职情况、所承担角色责任予以发放。

对于项目津贴，其设定、发放与分配的方式主要是：

（1）根据项目的难易程度进行等级分类，不同难度的项目对应不同数额的项目津贴。

（2）项目津贴的发放核算到项目小组，项目小组成员根据个人能力的不同，即在项目过程中所承担的角色责任的不同划分为不同的等级，对应不同的项目奖金系数；根据参与项目的难易程度、项目成员人数及在项目中所承担的角色责任，计算出每个人所获得的项目津贴。这样，每个成员在项目中的作用就取决于其自身努力与否，不需要别人的催促与强制管理，自觉地完成工作，使得项目负责人在项目管理中更为轻松自如。

（3）项目津贴采取预发制，以按月核算金额的方式进行发放，将项目周期按照月度分段计算金额。以避免项目周期太长而导致研发技术人员留不住的现象发生。

（4）按照自愿选择和组织分配的方式，鼓励技术人员多劳多得，进行多项目参与。

（5）对于项目任务无法履行或者考核不合格的技术人员，将采用降低安排项目等级的方式进行考核核定，以体现能力与责任挂钩、业绩与收入挂钩、鼓励多劳多得的绩效工资发放原则。

2. 新增新产品收益

指的是设计出新产品时所获得的收益；其目的是提高技术人员的设计研发速度，增加新产品收益，从而增加个人收益。

3. 老产品的优化完善奖励

老产品的优化完善，主要体现在两个方面：产品可靠性提高，成本降低。当技术人员对老产品进行了一定的优化完善后，如果产品的可靠性更高了，并且在成本上有了一定的降低，则要对技术人员给予一定的奖励，以鼓励技术人员在开发新品的同时也要不断地完善优化老产品，打造产品优质品牌。

4. 风险保障金

来源于设计人员项目津贴、新增产品收益和老产品优化完善奖励的留存收益。公司可以为每一名研发技术人员设置一个奖金库，当项目收益过高时，可以有效地进行内部平衡；当项目较少、没有额外项目奖励时，可以作为一种补偿形式进行发放，从而达到激励项目技术人员为了不断地充实自身奖金库而努力进行项目研发的目的。

项目津贴模式的运用，研发技术人员可以充分根据自身能力的高低参与项目，实现能力高者多得，参与多者多得，贡献大者多得，真正实现付出与回报的对等。让研发技术人员明白，其收入的高低完全是与其自身的能力、责任、贡献息息相关的。

在项目津贴模式下，技术人员激励体系成功解决了该企业存在的如何进行有效的技术人员激励问题，技术人员的积极性得到了很大的提高，对企业也不再牢骚满腹，从而能够为企业创造更多的价值，企业也得到了更长远快速的发展，实现了员工和企业的双赢。由此可见，进行有效的技术人员激励是企业实现长远飞速发展的关键。

以上案例的薪酬模式体现了岗位价值、新产品收益、老产品优化及薪酬总体调节的综合激励机制。岗位价值分配依据是价值评维的五个维度：影响范围、工作难度、工作强度、责任、任职条件。合理的薪酬激励机制是组织产生动力与活力的源泉。

第四节　激励机制

激励机制主要是分析激励过程中发挥关键性作用的要素，激励的种类、模式、时机、频率、强度以及激励的对象等，针对企业实际，对这些要素进行有机组合，形成合适的企业激励机制。激励机制的设计决定激励效果，一个好的机制需要在全面分析诊断企业的基础上，与企业发展战略、市场竞争、企业运营、企业发展阶段、人才需求等相适合，是具有一定个性化及竞争力的，并具有鲜明的企业文化特色。

一、薪酬与绩效的关联

如何建立基于价值贡献及相对公平合理的薪酬体系？价值创造是价值分配的依据，价值创造的结果评估直接影响到价值分配，只有建立可衡量的真实的价值数据，处理好短期利益与长期利益的关系，对技术含量、对组织目标的重要程度、贡献大小等价值因素进行综合评估，才能正确得出价值的创造，依据价值创造进行分配，使企业目标压力在激励机制上进行传导，从而驱动企业持续发展。

绩效是价值创造的结果体现，公司目标依据价值链分解到部门，由部门分解到岗位；岗位绩效相加对应相关部门，部门绩效相加对应公司，可见绩效考核是衡量价值创造的重要管理工具。但个人绩效表现在公司层面有的是直接的，有的是间接的，而绩效的产生来自岗位职责分工，来自任职者的能力与意愿，也与资源配置相关。绩效考核的结果应用不同，考核内容也不尽相同。与薪酬相关的，主要考核绩效结果；与职务晋升相关的，主要考核能力发展。华为针对干部的考核机制主要有三个方面：一是责任结果导向、关键事件个人行为评价考核机制；二是基于公司战略分层、分级述职，也就是PBC承诺和末位淘汰的绩效管理机制；三是基于各级职位按任职资格标准认证的技术、业务专家晋升机制。每一方面的侧重点不同，结果应用不同，可见无论是薪酬、降级还是晋升，考核都是激励的前提与基础，没有考核就没办法实施激励。

现阶段绩效考核对所有企业来说都是管理难题，曾经有人戏言不考核等死，考核找死。一家企业如果能解决绩效考核问题，企业的管理就已到了相当的高度，因为绩效考核的实施，需要企业非常扎实的管理基础。良好的绩效考核机制需要解决以下几个问题：一是清晰界定每个岗位做什么，即职责分工要清晰，这是考核的主要内容；二是怎样做，有什么流程与制度，这是职责的边界与相互间的协调关系；三是标准，解决了怎样做的问题。在考核当中最难的是标准，因为不是所有的指标都可以量化，奥运会类似体操、跳水等难于量化的项目，都是由评委集体评议，去掉最高分与最低分，选平均分作为选手的最后得分。纵使这样也是相对公平合理，奥运史上也存在很多不公正的评价现象。在企业中要解决这个问题，还需要结合企业文化，营造相对公正公平的企业氛围，使之成为解决问题的润滑剂。

如何通过考核机制把薪酬与绩效关联起来？应实行动静结合的关联思路，既要有相对固定的底薪，又要有一定限度的浮动性。基本工资保障生活，浮动绩效工资激发工作积极性。企业薪酬的标准要有依据，要建立相对公正公平的薪酬制度。当然，任何方法的使用都有利有弊，通过考核决定薪酬高低也有负面效应。唯考核分数论的结果是让员工心里只有分数，只会去做与考核相关的事，导致缺乏团队协作精神，甚至会因为考核结果引发纠纷。没有人能做到绝对公平合理，总有主观的成分在里面。绩效考核对于企业管理而言，无疑会增加管理的成本。久而久之，会使绩效考核失去本来的意义，即激励作用，带来诸多消极效应。设计薪酬制度的时候，必须考虑到这些问题，尽量做到相对公平。

二、员工与岗位的匹配

人力资源管理最重要也是最关键的环节是人岗匹配，合适的人用在合适的岗位上，做适合的工作。岗位不但要与能力相匹配，还要与个性特征、思想观念等相匹配。管理者要了解员工的实际心理需求，了解员工不同的动机，安排最能满足他们心愿的工作岗位，人尽其才，才尽其用。对于企业而言，最大限度发挥了员工的价值；对于员工而言，在人岗适配的情况下，工作难易与自己的能力匹配，不会感觉太难而难于做好，也不会感觉太容易而有智商被低估的感觉，这样员工对工作本身就有兴趣，工作效率更高。一方面有利于员工的职业发展，另一方面员工良好的绩效表现也会得到相应价值回报，实现企业和员工双赢。

企业管理的基础之一就是系统地建立好员工与岗位的适配关系。岗位不同，对人员的能力要求也不同，要以岗定人。并不是员工条件越好越能胜任岗位，一位大学生做保洁工作不一定有初中学历的人做得好，更不要说能否在岗位上持久工作。人才对岗位的低配不仅是人才浪费，增加企业成本，更不利于激励员工，做没有挑战性的工作，会让员工士气低落，从而产生离职的念头。人才对岗位的高配，胜任力不够，会导致工作难于做好，员工压力大，力不从心，容易导致"人财两空"，影响企业的整体运作。有些家族性企业人才对岗位的高配现象比较普遍，尤其是一些关键岗位，七大姑八大姨们并不具备胜任高管岗位的能力，但因是老板亲戚，来公司任职，这样不仅耽误工作，对员工积极性也是极大的破坏，因为能力不行难于服众，而且错误的指挥会让员工无所适从。因此，企业激励机制的重要基础是人岗匹配机制，一方面根据岗位要求招聘合适的人才，另一方面为人才成长提供发展空间。

人岗适配需要做好三点：一是对岗位进行深入分析，明确岗位职责，并根据履行职责必备的条件，列出岗位任职要求；二是建立员工个性及素质能力档案，结合测评工具了解员工的个性特点、能力素质、兴趣爱好等，便于了解员工与岗位的适合度；三是要知人善任，把合适的人用在合适的岗位上，才能人尽其才，避免人才浪费及因人才不胜任岗位带来的问题。俗话说没有平庸的人，只有平庸的管理。成功的管理者都善于识人，把人才放在适当的位置上。

三、正向激励与负向激励的结合

正向激励即表扬褒奖，负向激励则是批评，甚至按照企业规章制度进行处罚。表彰是让人们知道该做什么，弘扬好的；批评处罚则是使员工知道不该做什么，贬抑不好的。

基于规避相关法律法规的风险、员工的稳定性以及内部关系的和谐等因素的考虑，通常企业中应用比较多的是正向激励，负向激励运用比较少。但若只有正向激励，对于员工的负向行为只通过法律来制约，激励效果会大打折扣，难以遏制员工的负向言行对公司造成的破坏力。事实证明，负向激励的效果比正向激励更大，一项奖励对员工的冲击力度远不及处罚大。正如学校不提倡处罚学生一样，企业对于员工的处罚也是尽量避免，一味强调教育引导的作用，常常导致制订的管理制度形同虚设。大凡有驾照的司机都懂得基本交通规则，这是考取驾照的基本前提，但若红绿灯的设置没有配套相应的摄像头，没有对交通违规扣分罚款的处罚，大概率红绿灯也是形同虚设。保证司机与行人都遵守交通规则，用的都是负向激励，对于维护交通规则起着重要作用。但若用正向激励，一年之内司机没违反交通规则奖励1000元，而不用负向激励，对交通违法没什么约束作用，估计全国道路交通会经常出现瘫痪。所以，从人性角度看，企业要设置相应的负向激励，明确划出红线，不容许任何人踩踏，对于维护企业管理制度的底线，起到威慑作用，将有效维护企业的利益，引导员工行为走向正面。

◆ 案例：经营管理内控红线二十条

一、市场经营

1.参与陪标、卖标、围标、串标、造假、搞阴阳合同等违法行为，或利用企业资源为个人谋私利。

2.明明可以独立投标，却要拉上几个"小老板"搞所谓的"联营"，大搞权钱交易。

3.违反规定少收或不收资质使用费、联营合作管理费；或收不入账，坐收坐支，私设小金库，违规开支，甚至据为己有，构成贪污挪用犯罪。

4.投标中泄露公司投标机密，给企业造成经济损失。

二、工程管理

5.在劳务分包、材料采购等招标中设置不合理条件排斥潜在投标人，明招暗定；或分包（采购）价格明显高于市场价，给企业造成了较大的经济损失。

6.违反回避制度，默许亲属在自己管辖的范围内承包工程。

7.擅自使用公司印章对外投标、签订合同，出具授权委托或提供担保及借款等。

8.虚列人工、材料、机械等合同消耗量，搞虚假结算，从中谋取个人私利，或私设小金库，违规开支，甚至据为己有，构成贪污挪用犯罪。

9. 低价处理剩余物资、废旧物资，收不入账，坐收坐支，甚至据为己有。

10. 非招标类物资、设备租赁，质次价高或虚开调工、台班、个人从中谋利。

11. 公车私用、私车公养。

12. 冒领实物，虚构库存，账实不符，器材账目虚假。

13. 项目发生重大质量、安全、环保事故。

三、财务管理

14. 违反审批规定或超越权限批准资金支出。

15. 编制虚假财务报表，虚构成本，虚编利润，致使经营业绩不实。

16. 长期占用大额备用金，只借不还，公款私存，设账外账、小金库，虚报冒领。

17. 公款报销应由个人支付的费用。

18. 违反规定擅自发放津贴、奖金、福利等。

四、房地产开发

19. 房地产开发项目管理人员和案场销售人员，利用掌握内部信息之便，操作倒卖楼号，私自控制房源，个人捞取好处，损害企业利益。

20. 违规优惠审批，审批后串通案场人员转手倒卖，未收款就交房，为关系人开启方便之门。

四、有效激励模式的五个要点

如何构建员工自动自发的管理机制，是所有企业追求的管理境界，以员工的自动自觉性程度可把企业管理分为三种境界：一是管理者在位，但管理不到位。企业管理者一直在现场，但管理还是不到位，说明不仅企业缺乏管理体系，管理者连基本的管理素质能力都不具备，这是最低的管理境界；二是管理者在位，管理到位。只有管理者在现场，管理才能到位，依赖于管理者现场的管控，充当监工的角色，企业具一定管理体系，但管理者不在现场时，管理随之不到位，这种企业比较依赖于"人治"，而不是"法治"；三是管理者不在位，管理到位。说明企业不仅具备有效的管理体系，而且形成了自动自发的管理机制，是比较理想的管理境界。第三种境界的达到，关键在于构建有效的激励模式，使员工形成自动自发的自我管理机制。

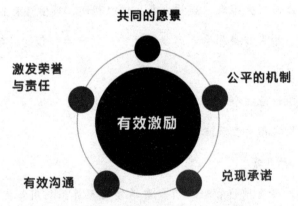

图3-6　有效激励结构示意图

1.共同的愿景

共同的愿景是团队共同追求的目标，是未来的蓝图，也是前进的方向。愿景能激发出强大的动力，一支没有愿景的队伍，像是没有精神灵魂的队伍。战争史证明：如果攻城略地只是获得几个"银圆"的奖励，远没有消灭敌人可以实现翻身解放的动力大，后者可以让革命者抛头颅、洒热血，前者遇到超过"银圆"价值的困难则可能放弃。所以，任何组织都需要建立一个合适的愿景，来引导组织成员共同奋斗。比如，华为早期就立志做通信设备领域的领导者，在这种愿景的引领下，华为的 5G 技术已做到全球第一。

2. 公平的机制

激励机制一定是基于公平的基础上，不能有少数人的特权，或者是有人为身份限制的条件，只要是个人的努力达到一定目标值，就应取得相应的利益。对任何人来说，机制是一样的，赛道一样，规则一样，就看马的奔跑速度。机制的公平与公开是一致的，要让所有人都知道比赛规则，只要够得着，就能获取相关利益。"赛马机制"是成功企业通用的规则，华为很早就建立了干部轮换、能上能下、定期述职评价机制。

3. 兑现承诺

企业激励机制设定的承诺在员工达到目标后，一定要兑现，不要只是画了一个饼，迟迟不肯兑现。在现实当中，有些老板发现当初定的目标太低，员工获得太多，舍不得兑现，找各种借口拖延或克扣，导致员工意见很大，甚至引发集体跳槽事件，可以说是得不偿失。对于员工一定要诚信，商鞅城门立木，就是为了秦国推行改革先立信为本，无信则改革难以推行。孔子学生曾子的妻子为了哄骗儿子，说是如果做到了可以把家里的猪杀了给他吃，结果儿子做到了，曾子妻子却舍不得杀猪，她认为只是哄骗小孩的手段而已，但曾子认为欺骗会失掉诚信，对孩子成长不利，孩子以后不会再相信她的话，于是曾子和妻子一起把猪杀了。诚信对于企业来说同样非常重要，员工达到目标后一定要不惜兑现承诺。

4. 有效沟通

激励机制的全过程是沟通的过程，有效沟通不仅能消除误解，增进彼此之间的了解，还可以及时提供解决问题的方法与资源。管理高手都是激励高手，在团队遇到困难、士气低落时，领导者是团队的主心骨，他的自信，对目标的坚定，能够激发团队的战斗意志。唐僧师徒西天取经，历经九九八一难，最后取得真经，取经团队遇到过重重困难，经受过许多打击，几次面临解散的风险，但唯有唐僧坚定信念，从不消沉，在身陷绝境或面临巨大诱惑时，也能保持初心不改，唐僧在团队中是最没有武功的，但对目标是最坚定的，正是在他的带领下才取得了最终成功。

5. 激发荣誉与责任

中国古语云："人争一口气，佛争一炷香。"指的就是人要有上进心，有好胜心，做人要有骨气，要有尊严。集体荣誉感的激发，能产生强大的动力，奥运赛场几乎每年都会有新的纪录产生，源于一种强大的荣誉感，为国争光，为个人及集体的荣誉而奋斗。每当社会发生重大灾难时，人民子弟兵义无反顾地冲在救灾第一现场，有些甚至付出个人的生命，就是源于一种崇高的使命与责任感，把人民生命财产安全放在第一位，这种责任感激发出强大的能量。在企业当中，要树立员工的集体荣誉感及履职尽责的责任感，以负责任的态度对待自己的工作。

◆ 案例：华为的激励模式——以奋斗者为本

价值分配的依据历来是组织变革的核心，在不少国企，员工的工龄与职称是薪酬的重要决定因素，资格老的员工比新人工资高出很多，打击了新来员工的积极性。华为是以贡献为核心作为评价标准，资深员工每年的收入并不一定比新秀员工高，只要做出突出贡献，后来者可以居上。2017

年华为荣耀奖励方案中，低层员工也可以拿到二十三级员工的奖金。华为二十三级员工的季度奖金也近百万元。公司只看贡献，上不封顶。

华为以贡献论英雄，不以"素质"较高下。"英雄不问出处"的人才观是基于一个基本的客观现象，那就是优秀人才往往缺点也很突出。选拔干部的时候，华为强调要看主流，不过多看重缺点，不过多看学历职称。这一点曾写进华为高层会议纪要中，公司给员工的报酬是以他的贡献大小和实现持续贡献的任职能力为依据，不会为员工的学历、工龄和职称以及内部"公关"做得好而支付报酬。认知不能作为任职的要素，必须看奋斗精神，看贡献，看潜力。任正非对此有贴切阐述：要明确员工在公司改变命运的方法只有两个，一是努力奋斗，二是提供优异的贡献。贡献有潜在的和显现的，有短期的和长期的，有默默无闻的和显山露水的。认知方面的能力不能作为要素确定员工的命运，茶壶中的饺子倒不出来则不产生贡献，就不能得到承认。要通过奋斗形成结果，才能作为要素。优秀新员工，只要切实做出突出业绩，就会被提拔，破格提拔力度一直在加大。任正非在一次讲话中说道："不要过分讲资历，优秀员工干得好，为什么不能提拔快些？"

华为的做法是先管庙再管和尚。实现公司战略目标必须依托于组织和个人绩效管理。公司战略管理解码后形成组织绩效目标，经过分解再形成个人绩效管理。讲个人绩效前要先讲组织绩效，个人目标和组织目标保持一致。个人绩效管理最终跟公司全流程达成一致，不能为了局部而牺牲全局。

个人绩效工具由PBC转变为OKR，激发员工主动性。2015年开始，华为的绩效管理由IBM的PBC模式转向积极探索OKR这一绩效使能模式，公司更加注重调动奋斗者的主动性。

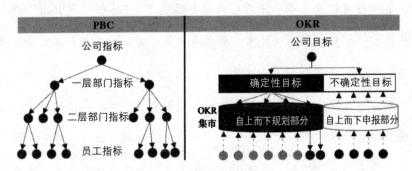

图3-7　PBC与OKR对比图

OKR（Objectives and Key Results）全称为"目标和关键成果"，是企业进行目标管理的一个简单有效的系统，能够将目标管理自上而下贯穿到基层。1999年，英特尔公司发明了这种方法，后来被约翰·杜尔（John Doerr）推广到甲骨文、谷歌、领英等高科技公司并逐步流传开来。（约翰·杜尔是美国著名创业投资家和风险投资商）。OKR与PBC相比，OKR强调自我管理，前提是领导力要跟得上，否则就是空转。在OKR管理下，主动做事的员工会创造更高的价值。绩效首先看个人绩效承诺PBC（Personal Business Commitment）/OKR完成情况，其次看员工岗位职责和角色要求的整体履责情况，同时看员工超越职责的贡献，如对其他组织的交叉贡献，并且给予机制保障，确保公平公正。

个人绩效辅导减少员工孤独感。员工奋斗的过程是孤独的，需要有人不断和他沟通，得到启发。管理者通过个人绩效辅导，与员工共同跟踪绩效结果，持续不断沟通，努力发现问题、解决问题，达到或超越制定的绩效目标。公司的绩效辅导贯穿绩效管理的全过程。在目标设定时，职能部门、管理人员、员工的意见得到充分重视。在目标执行过程中，管理人员既要设定管理目标，还要帮助个人梳理其职位职责，以及对应的目标。通过辅导可以及时修正执行偏差，并且做好组织、协调，同时给予员工开展工作必需的资源支持。公司的管理者通过与下属进行绩效辅导，把发现的问题及时地反馈给员工，让其据此做出调整。这样，员工的绩效产出相比没有进行绩效辅导的员工将会高出很多，员工与管理者对绩效结果的共识度也会更高。

华为十分重视从基层奋斗者中提拔干部。华为坚持从成功实践中选拔干部。对高级干部的选拔，公司一直强调"猛将必发于卒伍，宰相必起于州郡"。这句名言最初来自《韩非子·显学》。韩非子的原话和华为的版本差了一个词语，韩非子的是"猛将必发于卒伍，宰相必起于州部"，州就是地方官，部就是内阁。韩非子没有说宰相一定要从哪里去取，他只是说要从基层锻炼出来。高级管理干部的成长路径，应该是"之"字形的，即一定要有跨部门的任职经历，特别是海外独当一面的区域销售组织这类经营组织的任职经历。这样的经历，能够使其综合能力得到成长，也能使其具备全局性的观念和视野。"过去我们的干部都是'直线'型成长，对于横向的业务什么都不明白，所以，现在我们要加快干部的'之'字形发展。我们强调猛将必发于卒伍，宰相必取于州郡。今天我们将各部门一些优秀的苗子，放到最艰苦地区、最艰苦岗位去磨炼意志，放到最复杂、最困难的环境，锻炼他们的能力，促进他们的成长。想当将军的人必须走这条路。"任正非对这一问题的思考，也被概括为"三优先原则"：第一是优先从成功团队中选拔干部，第二是优先从主攻战场、一线和艰苦地区选拔干部，第三是优先从影响公司全面发展的关键事件中考察和选拔干部。

所以，公司也曾明确规定，机关干部必须去海外锻炼，机关干部也可以不去，但是其想要从内部升起来就应该到海外去，这几乎成了硬性的规定和导向。

能者能上，能者也能下。达成或超越绩效目标，只有优秀的奋斗者才可以做到。深知这点的公司建立了能上能下的职业通道，将优秀的人才选上来，将鱼目混珠的人选下去或淘汰掉。同时，有了能上能下的职业通道后，干部还要坚持实行责任结果导向的考评制度，用来约束绩效行为。

1996年1月28日，包括分管市场部的副总裁孙亚芳在内的26位办事处主任同时向公司递交了两份报告：一份是1995年的工作述职报告，主要是检讨前一年的工作，提出下一年的工作计划；另一份是辞职报告。

在这两份报告中，公司根据个人的实际表现、发展潜力和公司市场发展需要，批准其中的一份，历时整整一个月的市场部整顿活动在市场部集体递交辞职报告的高潮中正式落下帷幕。但管理优化才刚刚开始。接着就是竞聘上岗答辩，公司根据个人实际表现、发展潜力及公司发展需要进行选拔。包括市场部代总裁在内的30%的干部被调整了下来。这就是非常著名的"烧不死的鸟是凤凰"的故事。

华为不让奋斗者吃亏。工作中做出贡献的员工，公司绝对不能让这些人吃亏，这是重要机制。员工个人的奋斗可以是无私的，因为这个取决于每一个人的信仰，每一个人的责任感。每一个人的追求不一样，但是企业绝对不可以让这些奉献者吃亏，而是应该把这一套价值观融入整个公司的考核以及分配体系中，真正把它变成一个固有的机制。公司在非洲市场拓展员工的方式能很好地体现这一点。众所周知，疟蚊是传播疟疾主要的来源。早年间，在非洲开拓市场的员工、干部们几乎都得过疟疾。特别是技术支持、技术服务部门的员工，因为需要野外作业——竖铁塔、挖沟、挖电缆、安装设备、调试设备，更容易被蚊虫叮咬，有的员工甚至一年内得过三次疟疾。公司花费了很大的力量，投入了很大的资金来改善当地的工作条件以及生活条件，同时，也在薪酬、待遇上向这类艰苦地区倾斜。比如在2000年左右，艰苦地区每天的伙食费是五美元，后来提高到十五美元。随着公司的支付能力越来越强，现在有的地区已经提高到三四十美元。而且公司有一个规定，那就是伙食补助必须花掉，不许节省下来。当地一些代表处为了更加有效地运用该部分资金，从国内聘请了大厨，甚至空运食材过去。

华为十分重视对员工的个人激励。美国哈佛大学教授威廉·詹姆士研究发现，在缺乏激励的环境中，人的潜力只能发挥出20%—30%，如果受到充分的激励，他们的能力可发挥80%—90%。浮动才是激励，只有死工资是没有激励的。价值评价与分配就是解决如何激励的问题。在企业的末梢，战略才能成为现实。激励与战略对齐才能保证激励资源的可持续获得。

物质激励要素要打破平衡，激发活力，调薪是主要激励手段。华为职位与薪酬管理的具体过程，可以用16字来概括：以岗定级，以级定薪，人岗匹配、易岗易薪。每一个级别、每一个岗位工资的确定，既要考虑对外的竞争性，也要考虑内部的可支付能力和公平性。奖金分配应当打破平衡，拉开差距，向高绩效者倾斜，进行贡献和回报关联、规则清晰可见的中长期激励，同时激励要反映不同的管理策略。如果受到充分激励，员工的能力可发挥至80%—90%。

华为不只是有奖励，也有惩罚。人性一半是天使，一半是魔鬼，这一切皆归因于人的欲望。管理组织中的人，就是管理人性，也就是管理欲望。组织管理的机理在于：基于人性，基于人的动机，基于人的欲望，通过管理行为，激发人天使的一面，抑制人魔鬼的一面，以实现组织目标和个人目标。华为是个敢激励与会激励的公司。另一方面，公司还是个敢惩罚的公司，这是被很多人忽视的另一面，也是很多公司欠缺的一面。激励与约束是企业文化、机制与管理的双翼，两者的均衡才会有力量。惩罚文化以任正非带头惩罚自己为始。2018年1月17日，任正非签发公司15号文件——《对经营管理不善领导责任人的问责通报》。这个通报很简短，但内容却很沉重。"公司一直强调加强经营质量管理，杜绝做假。近年来，部分经营单位发生了经营质量事故和业务造假行为，公司管理层对此负有领导不力的管理责任，经董事会常务委员会讨论决定，对公司主要责任领导做出以下问责，并通报公司全体员工。任正非罚款 100 万；郭平罚款 50 万；徐直军罚款 50 万；胡厚崑罚款 50 万；李杰罚款 50 万。"这已经不是任正非第一次自己签发文件惩罚自己了，所以在内部并未引起多少关注，大家已习以为常。 如同华为的奖励形式多样，惩罚也是多种多样。例如，如果员工出现严重的违章违纪现象，依据制度，将受到应有的惩罚。包括但不限于警告、通告、罚款、降薪、降奖金等级、职位降级、考核等级下调、劳动态度考核等级下调、扣发奖金、赔偿损失、无权获得当年度虚拟受限股分红、收回以往年度虚拟受限股分红、记入员工纪律处分数据库或记入员工个人诚信档案等，直至除名或送交司法处理。所以，在内部的电子公告牌上，与员工相关的奖惩信息占了很大的篇幅，一边是表扬、晋升、破格晋级，一边是惩罚、通报与处理。一边是海水，一边是火焰，交相辉映。这还没完，除了惩罚当事员工外，还要依据管理责任线，惩罚员工的直接主管、间接主管以至间接主管的主管。如前些年，员工提前就餐现象严重，一经发现，哪怕提前就餐一秒，也要罚款，罚款 1000 元，除此，直接主管也要受到处罚，降薪 100 元。正如一支能征善战的铁军的打造一样，一支宏大的人力资源队伍也是依赖激励与约束而形成的。如果说，华为在使用一切行之有效的举措，激励员工，调动员工积极的正能量，那么也可以说，公司也在使用一切行之有效的举措，约束员工，抑制员工消极的负能量。

第四章　成长
——把能力建在组织上

　　企业成长如同人的成长一样，是一个从量变到质变的渐进过程，成长的快慢是由其内在系统对于"外界营养"的消化吸收能力决定的，这个系统就是企业的学习成长机制。组织的成长具体表现为企业规模的扩大、内部管理机制的不断完善和成熟、市场竞争力的提高、品牌影响力的增强等。企业成长具有阶段性，具有自身的生命周期，即创业期、扩张期、成熟期、衰退期等，每个阶段表现出不同的特征，不同的学者有不同的划分方法，但周期性原理基本一致。

第一节　成长维度与发展阶段

一、成长的定义

企业成长的概念源于组织大规模生产规律的研究。人类社会进入 20 世纪之后，随着二战的结束，生产型组织进入企业化时代。从农业到工业，都以不同的企业形式出现。正如世界上的所有生物和事物一样，企业同样也有成长过程，有自身的生命周期。1959 年，英国约翰·霍普金斯大学教授彭罗斯出版了《企业成长的理论》一书，正式将企业成长列入研究课题，奠定了企业成长的理论研究基础。之后，企业成长理论性研究就成了企业管理学研究的课题之一，越来越受到重视，并不断推陈出新，完善相关理论体系。

企业成长的量化型定义，基本着重于企业资产和企业员工的绝对性增长，围绕企业经营资源数量增加，经营规模不断扩大，生产规模不断扩展等，来对企业成长进行量化。目前，世界 500 强企业基本以企业年度经营产值为标准进行衡量，这种单一的衡量指标并不能完全反映企业的成长能力，大并不代表强，有时虚胖的外表反而成为行动的负担，这也是为什么有的企业表面规模很大，但有可能遇到某一场危机就轰然倒下，外强中干，内在的能力并不强大，相反，是问题很多，积重难返，危机重重。

　　企业的成长，是市场竞争的需要，不进则退，唯有不断成长，才能立于不败之地，否则就有可能被市场淘汰。任何企业一开始就像新生儿一样，体量小，资源少，竞争能力比较弱，往往靠创业者个人的能力与积累起步，创业之初最大的愿望就是活下去。华为刚开始投资 2 万元起家，销售一家港资企业的电话交换机，通过销售差价来进行原始积累，当有了一定资金后，开始投入研发，做低端产品，以廉价产品来获取广大农村市场，采取"农村包围城市"的发展策略。用赚取的利润不断投入研发、生产，扩大市场规模，提高产品技术含量，如此循环往复，逐渐积累发展能量。创业型企业由小到大的成长逻辑基本是这种模式，由量变到质变，一步一个台阶，逐渐占领市场，最终发展成具有一定行业品牌影响力的企业。

　　企业成长的定义为一个不断发展演变的过程，和人的生命周期一样，有童年、少年、青年、中年、老年。但不同的是企业不完全以年限来定义其成长过程，更多是以其内部的成熟度为标准。有的企业尽管存在时间很长了，但几乎在原地踏步，企业的内在能力没有发展；而有的企业存在时间尽管并不很长，但发展很快，成长迅速，企业的内部能力甚至超越某些成熟期阶段的企业。尽管普遍认为企业的生命周期为创业期、成长期、成熟期、衰退期四个阶段，但并不是像人的寿命一样的，有其自然的生命周期律。世界上有很多百年老店至今依然像壮年一样生命力强劲。大凡此类企业，内部成长机制就像一架永动机一样，不断吐故纳新，新陈代谢。

　　华为为了确保组织的活力引用了热力学第二定律，即熵增定律。熵增是物理学里的一个概念，它指的是一切事物在没有外界干扰的情况下，会从有序走向无序的状态。例如房间不收拾会越来越凌乱，热水在没有供热的情况下会逐渐变冷，其实生命的活力就是一个与熵增对抗的过程，不想让自己的身体越来越臃肿，那就选择健身；不想让自己落后于时代，那就学习成长，一切都是在与熵增对抗。根据这个原理，华为认为组织也一样，随着熵增，组织最终会进入热寂状况失去活力。这个原理与企业发展的四个阶段相一致，企业最后进入衰退期，如熵增定律的热寂状况，最终失去活力。华为的理念是吸取宇宙能量，吐故纳新，把水重新打上来，形成新的势能和冲击力，如此循环往复。因此，华为根据熵商定律，建立企业成长机制，通过不断激活组织来确保组织的活力。

二、成长的维度与发展阶段

电脑的性能由硬件和软件两方面决定，从发展的先后次序来看，先有硬件再有软件，软件的发展建立在硬件的基础上。电脑的中央处理器（CPU），是电子计算机的主要设备之一，是电脑中的核心配件。其功能主要是解释计算机指令以及处理计算机软件中的数据，CPU 技术的迭代发展决定了计算机整体性能与功能的更新换代，没有相应硬件的支持，再强大的软件也难以发挥作用。企业的成长也可以从硬件与软件两个维度来衡量，这两个维度相辅相成，有了硬件的发展，才能促使软件的更新升级。

企业硬件其实就是企业的硬性条件，表现为企业的资金、资源、机器设备、规模等硬性条件；企业的软件主要是指企业的管理组织系统、管理机制、人才的素质能力、企业文化等软性因素。企业的成长先是有硬件的投入，即企业创办需要的资金，启动资金的大小决定了创业之初企业软件的"版本"。资金投入少，企业的人员少，管理简单，软件是最初级的。随着资金投入的增加，人员规模扩大，管理逐渐系统化，软件开始升级。但为什么同样的行业，有些企业投入少反而比同期投入大的成长更好，发展更快？因为企业的差异化不在于硬件，而取决于软件，资金、资源、市场就像一块块积木一样，但积木的搭法才决定了积木的形状。因此，在这里研究分析企业的成长因素，主要是软件方面。

1. 初创期的企业成长

在企业创立之初，规模小，人员少，通常是老板带领几个得力干将亲自上阵，以业务为主，此时企业内部几乎不需要管理，因为老板的手可以延伸到方方面面，从价值链的最初输入、价值转化到输出整个过程，都是老板带领团队亲力亲为。这个阶段企业的执行力是最强的，效率高，成本控制好，利润高，发展迅速。此时，企业的管理系统是老板的大脑、眼睛和手脚，所有的决策可以当场拍板，一切在老板眼中，目之所及手之所触，比所有管理系统都要高效。但当企业发展到一定规模时，老板的眼睛渐渐看不到，手也触不到，信息掌握有限，大脑因此也跟不上来。例如，当经营十个店时，老板忙碌的身影可以勉强兼顾，当达到 20 个或 30 个店时，老板的盲区越来越多，此时的管理若还依赖老板个人，就会出现混乱，随着规模扩大，混乱会越来越大，若再不进行管理转型，最终企业必然垮塌。

所以，当企业发展到一定阶段时，由业务型特征逐渐发展到管理型特征，企业必须建立适合自身发展的管理体系，由职业经理人代理老板处理事务，产生职业经理人代理制，需要授权与分权，系统建立责权利相一致的企业运营管控机制。此时的企业面临二次创业，大部分中小企业的生命就止于此。因为这个阶段企业需要重大变革，把过去的"人治"特征过渡到"法制"特征，通过规则来约定，包括老板本人也要遵守规则，而不是过去拍脑袋式的决策、随意的指挥、没有流程的执行等随意管理。企业的发展阶段由创业期开始进入成长期。

2. 成长期的企业成长

企业进入成长期发展阶段，已初具规模，老板直接管理事务繁多，人员管理幅度已趋饱和。此时老板感觉很忙，像个救火队长，市场反应不敏捷，执行力减弱，客户满意度降低，尽管营业额上升了，但利润反而下降，企业出现典型的规模不效益的现象。此时企业到了非常关键的时期，急需进行管理变革与转型，由过去靠人管理过渡到靠流程与规则来管理。企业需要搭建规范化管理体系，制定发展目标，设计好以客户为中心、与企业目标相适合的组织架构，明确各部门职责，并把职责通过流程分解到岗位，明确做什么；设计好价值链创造过程的流程，明确各工作任务的步骤与协同，从上至下知道每一项工作怎样做；建立相应的标准及考评机制，明确什么是好的标准，衡量好执行结果，并以此作为价值分配的主要依据；建立项目及工作任务复盘机制，把企业的知识技能与经验通过复盘机制沉淀下来，加强学习与创新，使企业能进入快速发展、持续改进的良性发展轨道中。

3. 向管理成熟时期的突破

企业在成长过程中已建立起基本的管理体系，整体管理架构已搭建好，但管理执行效果并不佳，制度流程大多停留在纸面上，并没有落到实处，执行率低，企业还保留着不少初创时期遗留下来的"人治"习性与惯例，使得企业管理规范化大多流于形式，没有得到落实。管理的精细化程度不够，没有在管理实践中运用现代企业管理各类方法与工具，或是对于这些方法论一知半解、应用不当，职业经理人素质与企业规模不相适，人才素质急需提高。此时企业需要引进外脑对管理干部进行培训，根据企业实际对管理体系进行精细化变革转型，转变企业管理理念，向管理成熟期突破。因此，此阶段的管理干部培养与管理精细化变革成为企业成功突破的关键。华为人力资源构建最核心的是与价值创造密切相关的三个要素：组织、干部、人才。把能力建在组织上，与党在创建军队时把党支部建在连队的思想一致，能力是建在组织上，不是停留在个人上，所谓"铁打的营盘流水的兵"，这样企业的能力才不会随着人才的流动而流失，企业发展到一定阶段的核心竞争力本质上是企业的文化与管理机制。

4. 如何对抗企业衰退期的熵增

随着企业的发展、规模的扩大，企业占据了一定的市场份额。长期以来，企业开始出现了一大批既得利益者，尤其高级管理干部随着收入的增加，个人会逐渐倾向于生活的享受，工作与创新的动力慢慢下降，企业官僚阶层已经形成，组织机构庞大，流程过长且不敏捷，创新不足，因循守旧，组织乏力，形成了"熵增效应"。此时，企业面临老化，在市场竞争中越来越力不从心，增长率下降明显，此时若不变革，企业将面临淘汰出局的危机。

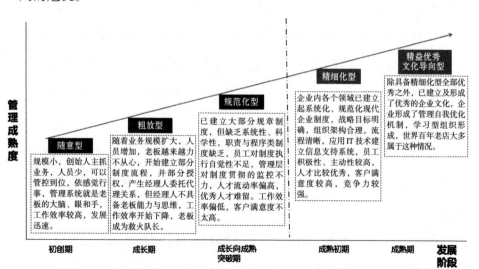

图4-1　企业发展不同阶段的管理特征示意图

◆ 案例：腾讯的HR管理成长历程

腾讯的成长发展历程比较典型地体现了企业发展过程周期律，从初创期到成长期，再到成熟期。腾讯的管理是伴随着企业规模的扩大而不断演变的过程，是由综合化到专业化、由粗放型到精细化型的过程。正如一个人在成长过程中衣服大小的不同型号，由S到M，再到L及L+的过程。所以，这也是为什么中小微企业学习腾讯、华为这样的标杆企业的管理模式，而难以落地执行的原因，因为这些企业的体形还处在S型，却硬要穿上L+型的衣服，不仅不合身，也浪费了布料，最终穿不起来，反而带来了行动的不便。因此，学习标杆企业，应该对应其相同的发展阶段，也就是根据体形选择合身的衣服。

从HR管理的角度看，腾讯经历了三个典型的发展阶段：

第一阶段：人力资源管理创建期（1998—2003年）

1998年，腾讯在深圳注册成立，这时的腾讯因规模小，没有独立的人力资源部，和所有初创期企业一样，企业人力资源、行政与财务管理工作统归于企业财务人事部。企业的三大常规管理职能并没有独立形成部门，因初创期企业做账报税工作是企业运行之刚需，财务职能的重要性相对比较突出。此时的人力资源管理工作停留在最初始阶段，其职能主要是人员招聘及员工入离职手续的办理，员工薪酬设计比较简单，大多是根据市场行情议价形成，即求职者与企业面谈形成，并没有规范的薪酬标准，管理比较粗放。

2002年，员工规模200多人，企业的行政后勤类事务增加，行政职能独立出来，成立了专门的行政部，但人力资源仍然统归于财务人事部。

2003年，随着企业规模的扩大，人力资源工作量迅速增加，尤其是招聘类工作，腾讯正式成立人力资源部。此时的人力资源管理工作以招聘、薪酬等职能事务性工作为主，扮演的是行政职能类工作角色，并没有形成现代意义上的人力资源管理。

第二阶段：人力资源管理发展转型期（2004—2009 年）

2004 年是腾讯发展史上的里程碑之年。腾讯在香港联合交易所上市，员工人数已突破 2000 人，至 2006 年，员工人数已达 3000 人。此时的腾讯最缺的是合格的管理干部人才，但腾讯的人才大部分是技术人员与业务人员，如何使员工从技术走向管理，实现人才素质结构的转型，是摆在腾讯高层面前最为重要而迫切的问题。

在这个阶段，腾讯需要加大对人员的培训，尤其是管理干部的培训。2007 年，腾讯成立了腾讯商学院，以培训优秀人才，培养大量中基层管理干部，创建学习型组织。

2009 年，腾讯人数已超过 6000 人。如何把集团人力资源政策贯彻到集团下面每个业务单元？如何提高各业务单元的管理干部对人才选、育、用、留的人力资源管理水平？腾讯开始建立人力资源 BP（HR Business Partner）团队，即人力资源业务合作伙伴，协助各业务单元的高层及经理人员在员工招聘、人才发掘、能力培养等方面的工作，使公司的人力资源管理政策体系、制度规范等在各业务单元得以推行落实，协助业务单元完善人力资源管理工作，并培养业务单元各级干部的人力资源管理能力。人力资源 BP 相当于阿里的"政委"职能，不仅提高业务单元的人力资源管理水平，同时使公司核心价值观得到传承，使公司各业务团队"形散而神不散"。

人力资源 BP 团的成立，使得 HR 管理从专业导向走向业务导向：传统 HR 往往习惯从 HR 自身职能出发，HR 有什么能力，就给业务部门输送什么，而 HRBP 模式侧重需求导向，业务部门需要什么，则穷尽能力去满足和支撑，这也叫从供给导向到需求导向。

第三阶段：人力资源管理成熟期（2010 年至今）

2010 年，腾讯正式提出创建 HR 三支柱管理模型。HR 三支柱模型本质上是基于对企业人力资源组织和管控模式上的创新，核心理念是通过组织能力再造，让 HR 更好地为组织创造价值。传统意义上的 HR 的组织架构是按专业职能划分的，比如常说的六大模块，人力资源规划、招聘、培训、薪资福利、绩效、员工关系作为不同的职能板块。HR 三支柱管理模型是为了更好地支持公司业务单元的发展，使得 HR 的管理职能导向产生重大变革，重新构建 HR 的功能。

图4-2　HR三支柱架构示意图

人力资源专家（COE）：主要职责是为业务单元提供人力资源方面的专业咨询，包括人力资源规划、人事测评、培训需求调查及培训方案设计、绩效管理制度设计、薪酬设计和调查等专业性较强的工作；同时帮助 HRBP 解决在业务单元遇到的人力资源管理方面的专业性较强的难题，并从专业角度协助企业制定和完善 HR 方面的各项管理规定，指导 HRSSC 开展服务活动。

人力资源业务合作伙伴（HRBP）：是人力资源内部与各业务经理沟通的桥梁。HRBP 既要熟悉 HR 各个职能领域，又要了解业务需求，既能帮助业务单元更好地维护员工关系，处理各业务单元中日常出现的较简单的 HR 问题，协助业务经理更好地使用各种人力资源管理制度和工具管理员工。

人力资源共享服务中心（HRSSC）：将企业各业务单元中所有与人力资源管理有关的基础性行政工作进行统一处理。比如将员工招聘、薪酬福利核算与发放、社会保险管理、人事档案、人事信息服务管理、劳动合同管理、新员工培训、员工投诉与建议处理、咨询服务等集中起来，建立一个服务中心来统一进行处理。

并非所有的企业都适用于三支柱模式，但这个设定不影响其他类型企业按需转型，按需去发展适应本企业的单个 HRBP，而完整架设三支柱模式的公司，适用条件主要有：

1. 企业具有一定的规模

企业有庞大的下属子公司或者机构，员工数量众多；各子公司或分支机构中均设立人力资源部，且各人力资源部均重复性地设立了很多职能似的部门。

2. 人力资源活动的相似性

各子公司或下设机构的人力资源活动有较高的相似性，可以将某些人力资源工作从下面收归到集团层面来进行统一处理。

3. 公司高层领导的重视度

高层领导重视人力资源管理，有从人力资源管理方面提升企业竞争力的愿望。

第二节 企业成长度量——"四好企业"

企业成长从哪些方面度量？如何判断企业的成长程度？这是比较难的一个研究课题，所谓"横看成岭侧成峰"，从不同角度会得出不同的结论。中国学校传统对于学生成长的评价主要在于"德、智、体"三个方面，在三个方面优秀的就评为"三好学生"，后来又增加了"美、劳"，就是审美与劳动能力五个方面，但叫法还是"三好学生"。的确，这几个方面的优秀，可以使得学生全面发展，而不顾此失彼，而且"德、智、体"三方面既相辅相成，又浑然一体：一个没有道德的人，智力再高也没用，也可能成为社会的破坏力量，因此，德排在第一位；道德与智力很好，但没有一个健康的身体，也没办法为社会作贡献，相反还需要消耗很多社会资源。

"道"是相通的，企业的成长和学生成长一样也需要平衡，在管理界比较常用的企业发展平衡工具叫"平衡计分卡"（Balanced Score Card），简称BSC，是从财务、客户、内部运营、学习与成长四个角度，将组织的战略落实为可操作的衡量指标和目标值的一种新型绩效管理体系。平衡计分卡的目的就是要建立"实现战略制导"的绩效管理系统，从而保证企业战略得到有效的执行。因此，人们通常称平衡计分卡是加强企业战略执行力的最有效的战略管理工具。

从另一角度，我们可以把BSC作为企业成长的度量工具，企业成长的表现就在于这四个方面指标的发展程度，类似于学生在"德、智、体"三方面优秀称为"三好学生"，我们可以把企业在"财务、客户、内部运营、学习与成长"四方面优秀称为"四好企业"。

一、财务面

财务性指标是企业常用于绩效评估的传统指标。财务性绩效指标可显示出企业的战略及其实施和执行是否正在为最终经营结果（如利润）的改善做出贡献。但是，不是所有的长期策略都能很快产生短期的财务盈利。非财务性绩效指标（如质量、生产时间、生产率和新产品等）的改善和提高是实现目的的手段，而不是目的本身。财务面指标衡量的主要内容包括营业额、利润、利润率、增长率、净资产回报率、投资回报率等。

二、客户面

平衡计分卡要求企业将使命和策略诠释为具体的与客户相关的目标和要点。企业应以目标顾客和目标市场为导向，应当专注于是否满足核心顾客需求，而不是企图满足所有客户的偏好。客户最关心的不外乎五个方面：时间、质量、性能、服务和成本。企业必须为这五个方面树立清晰的目标，然后将这些目标细化为具体的指标。客户面指标衡量的主要内容包括市场份额、老客户挽留率、新客户获得率、客户满意度、从客户处获得的利润率。

三、内部运营面

建立平衡计分卡的顺序，通常是在先制定财务和客户方面的目标与指标后，再制定企业内部流程面的目标与指标，这个顺序使企业能够抓住重点，专心衡量那些与股东和客户目标息息相关的流程。内部运营绩效考核应以对客户满意度和实现财务目标影响最大的业务流程为核心。内部运营指标既包括短期的现有业务的改善，又涉及长远的产品和服务的革新。内部运营面指标涉及企业的改良／创新过程、经营过程和售后服务过程。

四、学习与成长面

学习与成长的目标为其他三个方面的宏大目标提供了基础架构，是驱使上述计分卡三个方面获得卓越成果的动力。面对激烈的市场竞争，企业今天的技术和能力已无法确保其实现未来的业务目标。削减对企业学习和成长能力的投资虽然能在短期内增加财务收入，但由此造成的不利影响将在未来对企业造成沉重打击。学习和成长指标涉及员工的能力、信息系统的能力与激励、授权与相互配合。

从企业在上述四个指标中的表现可以看出企业的成长能力，与"三好学生"的逻辑关系一样，"四好企业"各指标的逻辑关系为：财务指标是企业最终追求的结果，但财务资金是从客户处得来，而客户心甘情愿掏钱买单是因为得到了满意的产品或服务，而满意的产品与服务是来自企业内部清晰的流程与高效的运营，能够实施运营的高效率与高品质，在于员工的成长与学习。反过来亦可以说，只有员工的成长与学习得到保证，才能有高效的运营，客户才能满意，财务收入才能增加。企业的成长度量，体现在四个层面，凡是优秀的企业，必定在这四个层面表现非常优秀，可以称为"四好企业"。

图4-3 平衡计分卡四个指标的关系图

◆ 案例：大疆创新成长史上不为人知的故事

从2006年建立大疆，汪滔掌舵的大疆创新（简称DJI）默默无闻走过了大部分日子，没有过多包装，也没什么游说；汪滔自己还曾用"偏执"的股权分配，让公司濒临分崩离析。

汪滔甚至不喜欢别人在他面前过多提及时下火热的互联网概念。并非他冥顽不化，而是在他看来，对一家科技公司而言，科研本身更为重要，而互联网仅仅只是个工具。"套上互联网这层皮，感觉好像很高大上，但事情的本质还是掩盖不了。比如一件产品还是没办法将欧美变成核心市场，当它在中国卖饱和后，跑到一个更落后的地方，在一个更没品位的地方卖出去。"汪滔在接受网易科技的独家专访时说。言下之意，似有所指。

DJI的产品在欧美很受欢迎，其拥趸不乏一些社会名流，包括苹果联合创始人沃兹。也有传言称，微软创始人比尔·盖茨为了DJI的无人机，

143

买了台 iPhone。作为公司创始人，汪滔觉得这样的成果必然不是来自某种商业模式的胜利。他的确对所谓"互联网营销"很不感冒，并坚持，起码 DJI 不会在这个问题上花什么功夫，哪怕公司会因此过得更加顺风顺水。

汪滔不想在这种事情上变得"聪明"。

虽然在外界眼中，DJI 只是家无人机公司，但其未来可能并非与无人机完全重叠。背靠着世界最大的制造业中心深圳，DJI 也许一开始就不满足于做一家无人机制造商。在 DJI 纯白色调的新办公楼里，DJI 副总裁潘农菲告诉网易科技的记者，去年《经济学人》曾将 DJI 的无人机列在"全球最具影响力的 15 个机器人产品"之中，是唯一入选的中国产品，这让大疆上下振奋。说到这里，这个腾讯产品经理出身的 DJI 高管略显激动，如同自己多年的苦心难得被人理解一般释怀。

同样做机器人的石金博也表达了类似的看法。石金博与汪滔同出一门，是汪滔的师妹，她认为机器人需要完成感知、计算、传输、执行这四件事，DJI 做到了，"DJI 无人机在空中的自主规划、避障等，已经在机器人范畴之中"。而汪滔、石金博的导师李泽湘，是香港科技大学的一位机器人技术教授。围绕被誉为机器人产业基地的东莞松山湖，DJI、固高、李群等李泽湘门下弟子的企业，陆续成为机器人这一"中国创造"领域的代表公司。但汪滔不是个着急的人，单论 DJI 在机器人产业的进展，DJI 难以言快。

他依旧显得很谨慎，即便外界如何热炒机器人，他还是觉得技术不够完善，DJI 可能需要一个更合适的新机会，一旦有这个机会，DJI 当然会把握住，去扩展到更多机器人领域。而机器人自动化，在汪滔眼中，有着相当大商机，甚至会如他一直期待的一样，会"改变全世界"。

不过，谨慎归谨慎，汪滔并没有无动于衷。事实上，DJI 已经将一个叫 RoboMasters 的机器人大赛运作了三年。虽然前两年只是夏令营形式，但今年在团中央、全国学联的参与下，这项赛事正作为全国大学生机器人大赛运作。

在这项机器人对抗赛事中，DJI 给每个参赛队伍发放了一台形似"遥控车"的机器人，相关负责人告诉记者，这款机器人的主控和无人机的飞控一脉相承，技术上不仅先进，甚至是世界上独一无二的东西。

而这项比赛虽然和 DJI 现在的主营业务毫无关系，DJI 却拿出了 5000 万元人民币承办。潘农菲向记者透露，最初 DJI 对 RoboMasters 有两套方案：一是继续以小规模夏令营的方式举办；二是重金承办，将其推向全国。最终汪滔拍板了后者，"这个决定几乎没有办法用财务逻辑来推演"。

值得一提的是，通过 RoboMasters 夏令营进入 DJI 工作的大学生为数不少。而不少业界人士认为，无人机本身就是广义机器人的一部分，二者技术相通，人才也相通。这也让 DJI 意识到挖掘和培养中国自己的工程师这一过程的重要性。而汪滔的本意，就是想让工程师、发明家也能当明星。RoboMasters，也许在经意或不经意间，已然成为汪滔理想的一部分。

无论是无人机，还是机器人，可能人们更关心的是，现在的 DJI 是一家什么公司。"我们可能有点像无人机里面的英特尔、微软，如果非要类比，我们可能更像做整合产品的苹果。"但即便如此，汪滔还不忘向网易科技的记者强调，DJI 只是在模式上和苹果有一些类似，绝不代表是在学它。汪滔想走出一条属于自己的独一无二的路。因此，他不想走捷径。

事实上，在创业之初，像无人机这种门槛高却没有太多市场的蓝海领域，做好了是个巨大的机会，做不好就是个巨大的坟墓。汪滔"不聪明"，选择了技术研发这条最难走的路，也因此几度陷入困境。最艰难的时候，DJI 账上只有 2 万现金，汪滔面临两个选择，要么就此收手，要么勉力维持；他想赌一赌，试着出售最后一批设备，"幸运的是，东西卖出去了，大疆活了下来"。潘农菲向记者透露。在经历数年沉默期后，DJI开始崭露头角，同时在通信、控制、动力、相机、陀螺仪稳定云台等一整套技术上有了一定技术积淀；在市场份额上，保守估计，目前DJI在全世界无人机市场中有过半份额。

虽然取得了初步成功，甚至潘农菲认为DJI"在技术上超越竞争对手两年"，但崇尚技术的汪滔并不敢掉以轻心，"的确有可能会有人超越我们，只是，我们800人的核心研发团队会尽量让这件事不发生"。汪滔充满自信，虽然他带着的鸭舌帽及圆框眼镜并没有为之增加几分严肃。不过谈到"未来"这个话题，这个35岁的掌舵者再次显得相当谨慎。他喜欢说"走一步算一步"，这似乎和他"理想主义"的标签不甚一致，反倒像一个切切实实的现实主义者。而未来，首先要立足于对现在的考虑。"现在的无人机产业是一个从无到有的过程"，汪滔向网易科技的记者做了一个比喻，"就像汽车刚刚发明时，发动机经常会坏，车也不够安全，全身上下都不能和现在比"，所以短期内，无人机产业主要还是要沉下心做一件技术攻坚的事情。

在这其中，整个行业最需要的是关键技术的突破，包括关键的避障和续航问题。DJI的Matrice 100据称已经在避障方面有所进展；续航能力也有改进，未来随着技术的改进，可能还会不断提升，但最后还是需要电池技术有所突破，才可以从根本上解决。显然，避障技术需要缓慢积淀，电池技术需要倚仗其他行业的进步，问题的解决都并非一朝一夕能遂愿。

然而，时势不等人，汪滔明白，无人机越来越大众化后，人们对技术的要求已经越来越苛刻，包括安全性、应用性以及整个重量方面；不仅仅是上述的避障和续航，更多的地方都需要对核心技术进行完善、迭代。这是一个不小的挑战。而这个挑战，很大程度上来自无人机产业正在扩大的应用边界。更庞杂的应用场景，向无人机的核心技术提出了更多挑战。毕竟，天空的故事，并不只有"航拍"一个版本。

于是 DJI 提出了第三方参与的生态平台计划。在这个计划中，DJI 一改此前为人所诟病的"封闭"印象，开放 DJI 的 SDK（软件工具开发包）给第三方开发者，并向各个垂直细分行业应用开发者提供无人机解决方案，将无人机覆盖到更多领域。核心技术需要去研发，商业模式需要去探索，当前 DJI 给出的答案是这样一种合作互赢的模式；但 SDK 刚开始进入行业，还不是那么成熟，后续 Inspire、Phantom 上会搭载更加成熟的版本，只是都还需要时间。

另一方面，展现出第三方姿态的 DJI 并未完全摈弃自己做行业应用的可能。潘农菲告诉记者，如果某个垂直领域无论如何都做不到 DJI 希望的程度，DJI 也会考虑自己去做；但扶持第三方合作伙伴是 DJI 的首选。DJI 一开始就不打算在各个领域都垄断，"而是要的是一个合理的利润，让更多人参与进来"。

外界很多人一直好奇，汪滔及他执掌的这家科技新贵，是如何脱颖而出，成为业界追捧的明星创业公司。在汪滔这个"不聪明的偏执者"眼中，每个人理应去试着把喜欢做的事情做成，同时让世界因此变得更美好。他喜欢谈"梦想"、谈"坚持"、谈"纯粹"，以至于外界给他贴上了"理想主义者"的标签。只是，让人觉得奇怪的是，听起来"逼格"甚高的"理想主义"四个字，一次都没有从他自己口中吐出，取而代之的是"品位"——似乎这才是通向汪滔"自有王国"的钥匙。

汪滔强调，DJI 是一个有品位的公司，而品位最终会是 DJI 的核心竞争力。"我们不是为了有品位而有品位，只是我们非常崇尚一个比较酷、比较美好的东西；在追求美的过程中会转化成一种战斗力，这种战斗力最终会做出好产品。"汪滔向网易科技如此解释。而品位对于DJI的影响，正如汪滔所言，"商业上的决策也好，产品设计也好，技术上的取舍也好，最终都会落在品位上"。

影响并非只对DJI自身。用更通俗的话说，品位可能是DJI的文化和价值观，DJI希望用产品将DJI的文化和价值观散播出去。就目前来看，DJI也许真的做到了，哪怕是被称为一直在输出文化的苹果，也有很多员工是DJI的粉丝。汪滔为自己的品位能被输出而高兴。毕竟输出品位，向来不是名声不甚好的中国企业擅长的东西。早年汪滔曾想过在德国注册空壳公司，可还是打消了念头，中国人的标签最终也并没有影响到DJI的品位输出，"我们是中国人，也是中国公司，我们的努力和奋斗目标，跟国家、跟中国人的命运其实是分不开的"。汪滔想借DJI改善世界对中国公司的印象，或者说，试着输出中国人的品位。这时的汪滔，不太像个商人，更像是一个充满实干理念的理想主义者。

汪滔一直贯彻着"品位"，这可以看作是汪滔对其事业的坚持，也可以看作是一个理想主义者对其喜好的东西设下的标准和底线。他说，无人机是他从小到大的一个梦想，这是对一个技术、一个特定东西的梦想。这样的一个梦想，需要用这样一些东西来呵护。他甚至因此反感某些圈子里的一些风气，比如创业，"为了创业而创业，其实就跟以前说华为招通信专业工资给得高，市场很热，大家一股脑儿去学通信一样；后来就变成学经济、金融，到如今又变成创业、创客这些东西"。汪滔认为，用这种态度去做事情的人，跟以前这批什么流行去做什么的人没什么区别，没有品位，也谈不上有梦想。

更多的方面，诸如在融资问题上，汪滔依旧用"品位"来解释：大疆商业上不缺钱，也不会为了钱而忽悠，"如果明摆着是坑，这个时候让投资者进来，让他们没有得到应该期盼的收益，最后这个单还是得我们去买；所以DJI不会去过多承诺什么，DJI没有这样的东西，也没有这样的品位"。而汪滔口中不做过多承诺、"实在"的DJI，近期据传获得100亿美元的估值。他觉得估值并不能完全体现一个公司的价值，但这个价格，算是实在。

第三节　企业成长理论

企业组织自诞生以来无不在追求成功，而成功的前提是过程中的健康成长。关于企业成长理论的研究一直是管理界非常重要的课题，为此产生了许多关于企业成长的研究理论与观点，这些理论从不同角度来分析企业成长的规律，对于企业健康成长都做了许多有益的探索，至今对我们都有不少借鉴作用。

一、彭罗斯企业成长观

英国数学物理学家、牛津大学数学系名誉教授罗杰·彭罗斯在企业成长方面总结了企业资源理论。他认为，传统的新古典经济学将企业公司作为一个点或者一个黑箱来研究，这样就忽视了不同企业公司之间的差异性。因此，彭罗斯将企业定义为一个管理框架结合在一起的资源聚合体，将企业作为一种有意识地利用各种资源来获得利益的组织。在资源方面，由于其不可分割性、功效的多重性以及不断创新性，因此企业从创业到破产一直处于存在剩余资源未开发的状态，无法达到存在资源完全开发的均衡状态。

彭罗斯指出，影响企业成长的内部诱因主要在于公司内部有剩余生产性服务、资源和特别的知识。相对来说，企业内部管理层面的能力属于企业边界的决定性资源，即便企业无法发展下去，出现兼并或者购买的成长模式，管理运营资源也起到关键性作用。他认为，企业管理层面对企业成长的制约非常关键。

彭罗斯关于企业成长的理论从不同角度诠释了企业从创业时期到辉煌时期的发展路程。他的论述中，涉及企业资源所提供的服务、企业员工培训学习过程以及高层管理发展企业的素养能力等。其实，资源所提供的服务就是资源的配置和交易协调过程，而管理层能力和动力则可以理解为企业内化和协调交易的前提和约束条件。

彭罗斯关于企业成长的理论观点，现在成为许多学者研究大型公司或跨国企业的基础性理论。他以资源为基础的企业成长理论，认为知识是企业最重要的资产的观点越来越为世人所接受。比如美国微软公司创始人比尔·盖茨对人才资源的重视，非常明确地证实了彭罗斯的理论观点。

二、安索夫成长战略论

美籍俄裔数学家、经济学家伊戈尔·安索夫在企业成长方面坚持"成长战略矩阵"观点。他认为。企业公司的成长战略需要具备四个属性：首先需要规划适当的产品和市场，其次需要根据公司未来发展方向确定战略类型，下一步需要企业决策机制恰如其分地运用经济竞争战略优势，最后需要企业负责人灵活运用企业协同效应。

安索夫认为，企业成长的战略方向需要向自身的特长领域发展，努力向与企业发展有关联的项目发展。企业在发展过程中，需要重视自身的内部资源和外部资源，必须重视与其他企业的协同作用。

安索夫理论观点认为，企业公司在成长方面有四种选择：首先在现有市场上利用现有产品向市场努力渗透，力争扩大市场占有率；其次是利用现有市场研发更新产品，并促使产品系列化，争取现有市场主动权；再有就是努力开发新市场，想办法向经济新领域发展，努力招揽新顾客，以此引领公司发展；最后是企业需要开发新市场，并利用新市场多角度研发新产品，力争在新市场领域站稳脚跟。

三、钱德勒组织能力论

美国经济学家艾尔弗雷德·D.钱德勒对于企业成长坚持组织能力理论观点。他认为，一家企业需要追求三种经济，即规模经济、范围经济、交易成本经济。这三种经济的获得程度将会决定企业发展。

他认为，企业公司动态成长需要依赖规模经济的行业，这无法避免，因此公司需要努力通过海外渠道直接投资去实现效益上的增长，这样通过扩大规模来促使企业发展，这就是规模经济。在范围经济方面，钱德勒认为需要依靠范围经济的企业通过多元化来实现自身经济效益的增长，这就是范围经济。关于交易成本经济，钱德勒感觉需要努力关注一体化经济。

总之，钱德勒的企业成长理论观点强调，企业的成长需要在生产设备、技术和运营管理上投资，以此推动公司组织能力的增强和维持运营，最终促使公司在生产领域的同行业竞争能力和获得利益能力获得更大的发展空间。

四、巴格海业务更替说

美国经济学家梅尔达德·巴格海在《增长炼金术》一书中这样诠释企业的成长：那些经济效益不断增长的大公司共同特点就是可以源源不断建设新的业务效益增长点，公司可以从企业内部革新核心业务的同时开创新业务，这样可以保持新旧业务不断更替，促使业务效益不断出现新的效益增长点。

巴格海认为，企业建设和管理好一条连续不断的新旧业务更替机制是实现经济效益大幅增长的中心课题。

不过，另一位经济学家克里斯滕森不认可巴格海的观点，他这样认为，公司业务的创新会出现企业管理机制的两难选择，就像"一次只能做好一件事情"一样，公司不可以这样"新旧两件事情"一起做好。

五、爱迪斯生命周期说

在企业成长理论方面，美国经济学家伊查克·爱迪斯的"企业生命周期"观点也得到世界很多人的认可。爱迪斯企业成长理论认为，企业的成长和世界上的生物一样，是有生命周期的。其观点主要从企业的内部管理机制、结构框架、关系来描述企业的成长发展过程，很少从企业业务规模扩张领域来诠释企业成长。爱迪斯认为，企业的成长与生物成长属于一个原理，主要是通过企业灵活性和可控性两个因素之间的关系来表现。作为一家企业，需要灵活性，也需要可控性，这一点在生物学上可以表现为不要过于幼稚和老态龙钟。

爱迪斯指出，企业成长过程中成功管理的关键并不是需要排除所有需要解决的问题，而是需要集中精力关注到企业当前生命阶段所存在的问题上，只有这样企业才可以迅速成长并成熟起来，然后去面对企业生命周期中下一阶段需要面临的问题。在企业进入壮年时期，成功的关键在于处理好各种可以引起企业发展变化的问题因素，努力避免企业进入衰老期。要明白，老化并不是企业发展的必然命运，这一点和生物不同。

爱迪斯的企业成长周期论，把企业当作生物体来看待，赋予生命活力，乍看我们会产生一种悲观情绪，认为企业最终一定会进入老化期，最终要消亡，但爱迪斯明确指出，老化并不是企业发展必然的命运，这一点和生物不同，这给我们带来了许多乐观的预期，正应了中国一句古话"人定胜天"。事实上，从创建、成长、成熟到老化周期律来看，企业有三个阶段的蜕变，一是创建之后能存活下来进入快速成长期；二是成长到成熟期的突破，很多企业就因为管理转型难以成功，止步于成长期；三是老化期是否能像"鹰之重生"一样，焕发新的生命力。因此，爱迪斯的企业成长周期论，给我们带来了许多有益的启发与思考。

◆ 案例：从"抖音"成长理解安索夫的成长战略论

自影像技术诞生以来，全世界范围内最受欢迎的短视频就是MV（Music Video），即音乐短视频，是所有短视频里最头部的部分。但是MV拍摄困难，能随机对着镜头装模作样演一下的人不少，能随时随地对着镜头说一段唱一段的人不多。对嘴表演模式创造性地解决了这个问题，通过音频台词，剧本我都给你写好了，你只要表演就行，而且音频时长控制在15秒，降低了表达成本，增加了内容趣味，恰巧因为这个低成本，内容也变得易扩散。同时，在碎片化的时代，人们更愿意接收短而具备娱乐性的东西。

抖音是一款音乐创意短视频社交软件，是一个专注年轻人的 15 秒音乐短视频社区。用户可以通过这款软件选择歌曲，拍摄 15 秒的音乐短视频，形成自己的作品并支持一键发布到社区，可以获得他人的点赞、评论和分享。

在这个娱乐至死和娱乐至上的社会，面对庞大的新生代、二次元人群的娱乐需求，同时，满足大众的自嗨和成名心性，抖音短视频将以下核心业务逻辑和产品结构作为解决方案。

抖音短视频自 2016 年 9 月上线，截至 2018 年初，不到两年便锁定了 App Store 摄影与录像类应用第一名及免费总榜第二名（间断会冲到第一名）。上线 365 天，实现视频日均播放量超过 10 亿次，日活过千万。

抖音在短短 500 天从无到有，变成一个全民都在使用的 APP，让使用者嗷嗷叫，纷纷表示抖音中毒，这中间到底发生了哪些有趣的事情，又有哪些弯路？尤其是，抖音在产品和运营上都做了哪些动作，加快了这一发展奇迹？

抖音短视频 APP 在所处的短视频领域并没有任何先发优势，国内短视频霸主快手成立于 2011 年，新浪微博的秒拍成立于 2012 年，就连美拍（2014 年）和小咖秀（2015 年）也均早于抖音 1 年多上线，好在抖音选择了更加细分的音乐短视频领域进行发力，最终实现了弯道超车。

以下是主要的竞争对手：

快手：短视频领域当今霸主，2017 年 3 月获得由腾讯领投的 3.5 亿美元融资，截至 2017 年 11 月日活跃用户数已经超过 1 亿，总注册用户数据已经超过 7 亿，每天产生超过 1000 万条新视频内容。

秒拍：背靠新浪微博的强流量导入，轻松实现日活千万及日播放量过亿，但是秒拍本身的自产流量能力较差，流量过度依赖于新浪微博，发展瓶颈较低。资本方面，2016年11月21日，秒拍母公司"一下科技"确认完成5亿美元E轮融资，估值超过30亿美金。

好看视频：百度"亲儿子"，依靠百度强大的技术及雄厚的资金实力，自2017年11月16日发布以来，已冲到娱乐免费榜第27名，因入局较晚，产品仍处在打磨阶段。

快手是国内领先的短视频APP，用户群体主要集中在三四线城市，平台达人主要通过炫富、晒娃、犯傻、歌唱、跳舞等吸引流量，如何渗透到一二线城市，一直是快手的痛点，截止到今日，仍未看到快手突破这一僵局，而抖音的用户群体主要集中在一二线，且普遍年龄在24岁以下，恰恰是快手无法触及和吸引的群体，所以，在音乐短视频领域，快手想要干翻抖音，短时间内概率不大。

另一个竞争对手秒拍过度依赖微博，归属于同一母公司的小咖秀因过度依赖于明星造势，后劲不足，虽然小咖秀也上线对标抖音的"晃咖"，但是市场反应并不大，围剿抖音的道路也非常艰巨。

至于百度的好看视频，暂时还看不到能够挑战抖音的能力，未来值得关注和期待。

以上仅是简单的陈述竞品情况，为了让文章更加聚焦，下面把整个文章分析的视角主要集中在抖音短视频上。

第一阶段：2016年9月至2017年4月——产品探索期

这一阶段，抖音短视频在市场的整体影响力可以忽略，基本处于产品的方向摸索和探索期。虽然，从始至终的定位是一款年轻人的音乐短视频社区，但是，在前期产品的格调及用户的喜好方面仍然花费了一些时间探索，甚至对产品名称进行了更改（从A.me更改为抖音短视频）。

第二阶段：2017年5月至2017年12月——第一波产品成长期

这一阶段，抖音实现了产品的爆炸式增长，通过不断对运营端加持砝码，在短短的半年内，用户量增长了10倍以上！这一阶段主要的增长引擎是运营端，通过不断赞助热门综艺节目，其中包括《中国有嘻哈》《快乐大本营》和《天天向上》等，快速收揽一大批追求独立、个性和无处安放寂寞的中国"小花朵"。这是截止到目前抖音最重要的一个发展阶段，这一阶段让抖音完完全全地暴露在大众视野，实现品牌和产品双扩散，奠定了音乐短视频类目的佼佼者地位。借助在此阶段高速增长，抖音也开始了商业化道路的探索。

第三阶段：2017年12月至今——第二波产品高速增长期

这一阶段，抖音长居iOS排行榜前2名，摄影与录像细分类目第1名，基本锁定2018年第一季度最受欢迎的APP。这一阶段抖音已经完全有能力实现自增长，但是，谁也没有想到的是在线"直播问答"成为开年新风口，在这个流量似黄金的年代，谁也不愿意放弃超低成本吸引流量的机会，通过引入"直播问答"的新风口，抖音迎来了第二波产品高速增长，继续凯歌前行。

下面从安索夫的"成长战略论"角度对案例进行剖析。

安索夫在企业成长方面坚持"成长战略矩阵"观点。他认为，企业公司的成长战略需要具备四个属性，首先需要规划适当的产品和市场。抖音第一阶段的产品探索期，就是针对市场进行产品的探索与打磨，使之适应市场的需求。产品主要迭代版本＆迭代逻辑：产品版本迭代上，此阶段涵盖V1.0.0—V1.4.0，主要是用来确认产品格调，找到年轻人对音乐短视频接收的最佳方式，完成产品从内部YY到被数十万用户使用并接受的蜕变。抖音为了更好地触及用户，在V1.2.2版本将名称由A.me更改为抖音短视频的同时更改了产品logo，同时，重点打磨自己视频拍摄工具的能力。

抖音第二阶段的第一波产品高速增长期，顺利完成了冷启动，接下来面临的一个问题是如何扩大市场份额，尽快地开疆拓土，抢占国内音乐短视频的头把交椅，进而向短视频霸主"快手"进攻。就是安索夫所说的首先在现有市场上利用现有产品向市场努力渗透，力争扩大市场占有率。对产品主要围绕着以下三个问题展开：如何能让拍摄更好看，如何能让拍摄更好玩，如何增大平台对达人的吸引力，并初步探索商业模式，进行迭代创新。符合安索夫的第二个观点，即利用现有市场研发更新产品，并促使产品系列化，争取现有市场主动权。

抖音第三个阶段的第二波产品高速增长期，经过迅速扩张，抖音已经坐稳摄影与录像类应用榜首，本身品牌的效应也会带来不菲的自然流量，借助"百万英雄"的低成本流量，进一步巩固了自身的地位，除此之外，抖音团队也开始逐步向国际化方向发展。

这个阶段符合安索夫第三、四个观点，即努力开发新市场，想办法向经济新领域发展，努力招揽新顾客，以此引领公司发展。再就是企业需要开发新市场，并利用新市场多角度研发新产品，力争在新市场领域站稳脚跟。

从以上案例可以看出，企业成长理论为企业成长发展提供了系列方法论，尽管每种理论的角度不同，侧重点不同，所谓"横看成岭侧成峰，远近高低各不同"，但无论从哪个角度看，对于企业成长发展来说都有借鉴意义。

第四节　企业成长逻辑架构

一、企业成长四维机制

复盘与沟通

对项目及较复杂工作任务进行复盘，提炼成功要素，总结不足经验，对流程及作业指导书进行优化。

（华为：心声社区）

知识管理

创建知识管理平台，鼓励创新，建立把知识转变成生产力的机制。

标杆企业方法

学习标杆企业的成功经验，对组织系统进行相关升级优化。

学习与创新

打造学习型组织，允许创新试错（代价较小），总结经验，对组织管理进行优化。

（华为：向各西方公司"削足适履"的学习）

图4-4　企业成长四维示意图

1.内部经验的复盘与沟通

企业在运营管理过程中会遇到很多困难，出现许多问题，企业在不断解决问题和面临新问题中逐渐成长。从来没有哪个组织的成长会是一帆风顺的，因为市场在发生变化，外部环境处在动态变化中，旧问题解决了，又会遇到新问题，而问题的解决需要企业的经验与能力。在经营的每个阶段，或每一项目的完成，总会有不尽如人意的瑕疵，造成的原因大多是人为的。因此，复盘工作非常重要，通过分析原因，找到问题的症结，制定解决问题的方法，"一个人犯错不怕，就怕犯同样的错误"，把复盘中的经验提炼成解决问题的方法，在组织平台上沉淀下来，输入企业的管理制度流程，对其进行优化升级，进一步提高组织内部协调能力及对外部的反应能力。通过复盘和沟通，组织不断总结经验，把经验转化成组织的能力，从而推动组织的成长。

企业复盘的形式有三种：一是项目复盘，对项目制定的计划与实施结果进行评审，列出主要差异，分析差异出现的原因，找出哪些属于人为因素，是制订计划的问题，还是实施计划的问题？从决策目标、职责、流程、部门协同、资源配置等方面寻找原因，研究解决问题的措施，在达成共识后，再评审管理制度流程，提出修改意见，从而把每次复盘经验，通过组织管理机制的提升沉淀为组织能力；二是阶段性工作总结，把起初制订的计划与实施情况进行对比，找出差异化，提出改进建议，通过评审把建议沉淀为组织的发力；三是个人述职，组织高管层进行定期工作述职，评审工作成果，分析经验教训，从而发现需要改善或优化的管理制度。

◆ 案例：华为述职的主要内容

（1）当期目标总结部分的述职内容：

业务目标

完成情况

效果分析／经验总结

（2）下一期目标制定部分的述职内容如下：

业务目标

里程碑

关键措施／行动计划

资源与合作

（3）组织发展目标（主要针对流程建设、制度规则、标准化、操作手册、案例开发等做出目标定义）内容如下：

组织发展（团队建设目标）

关键措施／行动计划

资源与合作

（4）述职分析：

关键任务是否已经足够准确，能否最大限度地支撑企业战略和部门岗位价值的实现。

行动计划实施过程有哪些经验和教训，下一期是否有进一步优化的可能。

了解周边部门的期望，判断自己团队的目标是否实现横向握手和协同，跨部门流程是否还有优化的空间。

了解团队成员的能力发展期望，思考如何进一步通过团队建设将成员导向自我管理和自我提升的道路。

2. 标杆企业学习机制

能够成为行业标杆的企业，必定有超出一般企业的能力，就像奥运赛场的冠军选手，一定是这个项目上全世界最优秀的人。因此，向标杆企业学习，是学习吸收优秀企业能力最直接有效的方法。当然，行业标杆并不是所有方面都很优秀，有些方面也存在如一般企业的平庸。要研究分析其成为标杆的原因，可从企业成功机制四维驱动方面入手分析，标杆企业的决策机制如何？运营机制如何？激励机制如何？成长机制如何？从中找出最有代表性的方面。去参观学习标杆企业，听取他们的介绍，了解他们的管理，提取对企业有用的经验，为我所用，才能追赶标杆，甚至"青出于蓝而胜于蓝"。华为是中国优秀企业的代表，其强大的能力引起全球的关注，但"罗马并不是一天建成的"，华为的成功，按其内部说法是向各西方公司"削足适履"学习的结果。在华为成功前，它在不断向行业标杆学习，单从投巨资引进IBM的IPD集成研发管理可见一斑。华为研究世界上的一切成功企业，并从中提炼出成功因子，转化成自身的发展能力。

3. 打造学习型组织

这个世界唯有不变的，就是"变"。人类有史以来，知识从来没有像现在这样呈爆炸式增长，技术迭代速度加快，数字化经济发展迅速，信息渗透与扩展非常快捷。面对变化不断的环境与市场，企业必须准确掌握客户需求与竞争态势的变化，建立起学习型组织，学习吸取一切优秀成果，不断创新，并允许创新试错，总结经验，建立起自我成长机制。华为对于运营管理的要求是主干清晰，末端灵活，管理要匹配业务实质，因地制宜，才能多打粮食。因地制宜与末端灵活体现了学习与创新，不拘泥守旧。华为对于流程管理有三个标准：一是正确、及时交付；二是赚到钱；三是没有腐败。类似这些非常质朴的中国式管理语言不是随意提出的，而是有内在逻辑的，是在与多家全球顶尖的各类管理咨询公司的合作中提炼而来的。只有正确、及时地交付，客户才愿意付款，而交付中既要客户满意，又要控制成本，要能赚到钱，不能赚钱的交付是没意义的，交付当中要有品质与高质量服务的保障，内部不能存在利益输送，不能有腐败，这是既授权又约束的辩证关系。华为大学承载了打造学习型组织的重要职责，使得企业成为能吸纳宇宙能量的开放系统，从而不断自我成长，不断创新，成长为全球一流企业。

4.建立知识转化成生产力的管理机制

人类文明发展的本质在于人类在认识自然与征服自然过程中形成的知识不断得到积累与传承，知识不断地进步、创新与提升，使得人类由旧石器、新石器、青铜器、铁器、机器、电器、信息到现在的智能时代，可以说知识是推动人类文明发展的主要原因。

知识在企业组织的发展同样起着决定性作用，我们权且把知识的来源分成内外两个部分。内部是企业在经营管理过程中积累的经验和技术，由内部人员向企业内部输出，在工作过程中相互作用形成的系统方法与经验，在工作阶段性总结及项目复盘中进行提炼加工，形成自己的知识体系；外部是企业从外部环境中学习汲取的新知识、技术，转化成内部的经营管理能力。知识就是生产力，企业应重视知识管理，建立知识管理应用共享平台，使知识在企业中得到充分利用，得到丰富、更新与创新。企业的制度流程、技术规范、管控机制、商业模式等都是企业知识的重要内容，是企业核心竞争力的来源，创建把知识转化成生产力的机制，就是使企业知识不断地丰富充实优化，在经营管理当中得到充分应用，从而提高生产率和市场竞争能力。

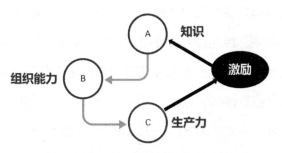

图4-5　知识管理转化成生产力示意图

把知识转化成生产力的四个步骤：

（1）企业必须要有良好的激励机制，驱动员工为企业做贡献的意愿，调动员工的积极性，挖掘潜能，把员工所学用在工作上，在实践中验证、巩固、丰富、优化，通过组织管理系统持续解决问题，挑战新问题，激发潜能，从而不断创新，产生更多的工作方法与工作技能，形成企业知识自我更新优化机制。例如，技术人员在工作中总结了一项新的方法，不仅可以节省工时，而且能提高产品质量，这项新的方法通过验证有效后，纳入公司相关管理程序标准，成为组织的一项新的能力。

（2）企业通过组织管理把各部门各岗位产生的经验与技能形成相应的管理与技术文件，这些文件包含三级管理体系：质量／技术目标手册、程序文件、作业指导书。目标手册是整体指导思想，基本原则与规范；程序文件是从策划、执行、检查到纠正的流程规范；作业指导书是操作指南，是具体工作任务的标准。这些都在经营管理过程当中不断丰富优化，并在总结复盘中持续升级。

（3）把能力建在组织上，转化成现实的生产力。管理规范形成企业能力，在实践中应用与丰富，通过优化管理体系，提高运营效率和效益。这样在组织能力比较强大时，公司业务不会因为员工的离职而受影响。例如，当某一高级营销人员离职时，因为客户资料、订单、合同履约情况、售后服务等所有信息都在组织平台上，相关人员深度参与，与客户从不同层面产生工作联系，因此该人员离职不会对公司业务造成明显影响；技术人员离职时，也不能把公司的技术资料带走或进行任何处理，客户资料、技术资料等重要信息都在平台上，由相关授权人员才可以进行处理。

（4）组织能力与生产力之间产生深度融合并相互促进。当生产力出现问题时，在解决问题过程当中形成的相关经验或创新技术，又吸纳成为新的组织能力，这样在企业经营管理过程中，组织能力在不断发展，同时又推动生产力的提高，两者之间相辅相成，持续互动增强，从而推动组织不断地发展进步。

二、成功企业大都是行业的"黄埔军校"

企业成长的过程，也是向同行业成功者学习的过程。一家成功企业的人才往往是同行业争相猎取的对象，因为企业的成功不是一朝一夕可以做到的，是长时间的沉淀与积累，通过市场竞争证明其在管理机制、产品研发、创新等方面超出一般企业的能力，其中的高级人才往往是行业中的佼佼者，掌握了相关的核心经验与技能。成功企业通常成为同行业的"黄埔军校"，为行业培养了大批人才。但似乎成功者并没有什么秘密可言，并不担心自己的人才被别的企业挖角，他们通常是把能力建在组织上，其他企业难以复制模仿。像青岛的海尔、深圳的华为，每天的参观学习者可谓络绎不绝，但真正学习后复制却很难。华为模式有各种各样的书籍推向市场做了详细介绍，不仅有华为出来的高级管理人员、华为的专家顾问，甚至华为大学都编辑出版了不少关于华为的管理方法与成功经验的书籍，这些都是公开的，但要真正学到其中精髓很不容易，因为成功者往往有自身的企业"基因"，这种"基因"似乎可以看见，但很难复制。

三、团队能力的打造

"事在人为"，"人定胜天"，强调了人起决定性作用。为什么同样的行业有的企业发展良好最终成为行业龙头，而有的却止步不前最终被淘汰？其根本原因是什么？面对同样的市场竞争，实践证明起决定作用的不是资金，而是组织的能力，而组织能力是在良好管理机制作用下形成的团队能力。任正非曾谦虚地说过："我这人并没什么能力，我就是一团糨糊，我把优秀的人才糊在一起，他们共同形成有战斗力的团队。"其实任总所说的"糨糊"就是管理机制，是华为的激励机制，全员持股机制，把优秀人才凝聚在一起，打造华为精英团队，这才是成功企业的致胜关键。

俗说"兵熊熊一个，将熊熊一窝"，强调了团队领导的核心作用。因此，团队领导力的打造，成为组织能力建设的关键。华为把领导力素质模型分为三个维度。

"以客户为中心"是华为的首要核心价值观，在华为看来，企业的利润都来自客户，客户是企业的"衣食父母"，企业的一切活动都应围绕客户创造价值，从端到端地满足客户需求。因此，领导力第一个维度就是"发展客户的能力"，这个能力包括极大地关注客户，把客户放在心上，深入理解客户的需求，积极与客户进行良好的沟通，并主动用各种方法满足客户的需求；建立伙伴关系，积极主动找出公司与其他精心选择的合作伙伴之间的共同点，与他们建立互利共赢的伙伴关系，更好地为公司的客户服务。

第二个维度是发展组织能力。包括三方面：一是团队领导力，运用影响、激励、授权等方式来推动团队成员关注要点，能从众多事务中提炼关键影响要素，鼓舞团队成员解决问题以及运用团队智慧等方法来领导团队；

二是塑造组织能力，辨别并发展机会，以不断提升组织能力、优化流程和结构，提高"土地肥力"；三是跨部门合作，为了公司整体利益而主动与其他团队合作、提供支持性帮助并获得其他部门承诺。

第三个维度是发展个人能力。包括四方面：一是理解他人，准确地捕捉和理解他人没有直接表露或只是部分表达出来的想法、情绪以及对其他人的看法；二是组织承诺，为了支持公司的发展需要和目标，愿意并能够承担任何职责和挑战；三是战略思维，在复杂模糊的情境中，用创造性或前瞻性的思维方式来识别潜在问题，制定战略性解决方案；四是成就导向，关注团队最终目标，并关注可以为公司带来最大利益的行动。

这样以客户为中心，发展组织能力及个人能力，组成领导力素质模型，形成强有力的团队战斗力，从而有效实现组织目标。

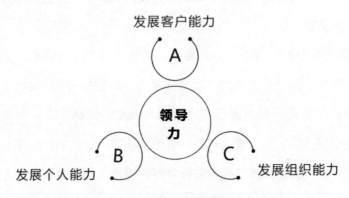

图4-6　华为领导力素质模型示意图

四、企业成长过程是由粗放到精细化的不断裂变过程

所有企业在刚开始成立时，就像一个新生儿一样，是生命最脆弱的时期，容易感染疾病，需要建立自我免疫机制，这一关没通过就容易夭折；

过了脆弱期就是成长期，基础教育不分专业，到了高中文理逐渐分开，大学才选专业，决定未来的发展方向。企业组织一样，是逐渐成长、从综合到细分的过程。

1. 成立之初的粗放

在刚成立时，企业规模小，内部分工比较综合，甚至没有具体的管理制度流程，管理职能部门只做具体事务工作，财务、行政、人力资源综合在一个部门，履行企业运行不可或缺的刚需职能，如人力资源的招聘及入离职手续的办理、财务的做账与报税等，企业在无具体管理制度流程的状态下，全凭创业者个人魅力带领团队前进。

2. 成长之困的突围

随着业务的增长，企业人员规模开始扩张，管理幅度在扩大，当到了一定阶段时，管理者会感觉力不从心，直接下属人数太多，急需由老板直接指挥过渡到职业经理人的代理制，通过制度流程来管理企业。管理职能部门分工需要更精细，人力资源不仅仅是负责招聘与薪酬管理，对于新进人员的培训，尤其是管理干部的培训对企业的成长非常重要。此时，人力资源管理要单独成立部门，从人才的选育用留等方面整体规划，完善管理职能，更好地为业务服务。

3. 成长之中的提升

在管理职能部门从无到有后，接下来要从有到优，管理职能的分工更细化，岗位职责更专业化，对管理人员的素质提出了更高的要求。随着企业规模的扩大，企业触觉对市场更加深入，面对竞争更大，对管理提出更高的要求，企业的竞争能力过渡到企业的管理机制。不仅需要培养人才，更需要激发组织活力，设计合理的薪酬激励机制，形成优秀的企业文化。管理职能部门需要具备的功能不仅扩展了，而且更要强大。

4.成熟之期的精细化

企业进入管理成熟期后，全面规范化精细化管理的需求越来越明显，人力资源部裂变出专门的培训组织，成立企业商学院，对各级人员进行全面的培训，满足企业持续发展的人才需求。为了提高凝聚力，强化企业文化功能，应成立专门的企业文化建设、宣传、推广部门，把企业文化融入企业的经营管理当中，注入企业灵魂。

总之，企业长成过程是管理从粗放到精细化的过程，管理部门职能由综合到专业分工的过程，由一般管理能力到高级管理能力的过程。

◆ 案例：小米高速成长的历程

小米成立于2010年4月6日，虽然仅成立10年，它却创造了一系列的奇迹。小米成立一年后销售额就达5亿元，2015年销售额达到689亿元，2018年销售收入高达1749亿元，小米实现销售收入九年年均229%的增长奇迹。著名天使投资人徐小平如此评价小米："人类历史上达到百亿美元销售额、百亿美元估值最快的公司。"小米的产品从最初的智能手机操作系统MIUI逐步拓展至手机、平板、电视、路由器、耳机、智能音箱等品类繁多的产品，形成了"相互连接、互为犄角"的产品生态系统。小米希望以物联网（IoT）技术为纽带将不同产品连接成为用户提供智能生活体验的解决方案。截至2019年9月，小米IoT平台已连接的IoT设备（不含智能手机和笔记本电脑）达21.32亿台左右，遥遥领先于其他IoT平台。2018年7月8日，小米以543亿美元的估值成为香港第一家"同股不同权"的上市公司。543亿美元让小米跃身有史以来全球科技股前三大IPO。2019年10月，小米首次入选财富未来50强，排名第7，在福布斯发布的全球数字经济100强中排名第56。

倡导通过将新元素导入现有产品之中为顾客创造价值。在以"中心化、信息单向传递、割裂"为主要特征的传统模式下，企业主导产品设计和信息交流，用户只是使用者，几乎没有参与产品设计的权利和机会。用户间缺乏交流渠道，不同产品割裂地为用户解决问题。以平等、开放的原则在个体间建立连接，既是互联网最核心的功能，也是互联网能创造价值的根源所在。拥有互联网基因的小米（MI，Mobile Internet）率先从"平等、开放、连接"的视角重新审视企业与用户、用户与用户以及各种产品之间的关系，力图为手机行业注入新思维。

"为发烧而生"是小米手机最初的定位。除顶级配置外，发烧友还以开发和完善产品功能为乐，小米顺势而为鼓励用户参与手机设计。小米竞争优势最主要来源的MIUI就是研发团队和用户共同开发、完善的结果。小米研发团队积极响应用户在互联网和论坛上的反馈并将用户需要、具有可行性的功能集成进新版的MIUI，从发布至今，MIUI的升级周期一直保持在开发版一周、稳定版一月和代际版一年。用户融入产品设计满足了他们乐于探索的爱好，强化了品牌忠诚度，也让小米免费汇集了无尽有益的创意。

2G手机是功能完全由硬件决定的封闭系统。小米通过升级MIUI实现手机功能的不断迭代，让消费者不更换手机仍可以享受技术进步带来的新体验。从2010年8月16日首个内测版发布，MIUI大版本每年更新一次，到2019年已升级至MIUI 11。2014年后，小米将手机定位为智能生活的综合控制平台，陆续向路由器、盒子、电视、空气净化器、扫地机器人等生态链产品开放。小米手机对生态链产品的开放让原本孤立的产品变身成具有网络效应的产品生态系统，形成了与三星、苹果和华为等手机厂商的竞争优势和差异化的发展道路，拓展了小米的成长空间。

　　小米秉承"连接创造价值"的理念，通过 MIUI、米家和小米运动将手机、智能手环、电视、智能家电等硬件连成一张智能生活网。在这张规模宏大的网上，每个节点都能成为吸引顾客的理由，截至 2018 年 12 月 31 日，拥有超过五个小米 IoT 设备（不包括智能手机及笔记本电脑）的用户约为 230 万，同比增长 109.5%。这些节点通过彼此相连为用户创造了单个产品所不具备的智能生活体验。用户通过手机（智能音箱）既可以实现语音实时控制电视、电饭煲、扫地机器人等众多智能家电完成相应指令，也可以约定时间完成相应任务。

　　小米借助网络社区、微博、QQ 空间、微信公众号和小米之家等渠道有效了解用户心声，向用户展示产品和品牌文化。用户之间的交流让乐于探索之人可以享受分享之趣，让想更深入了解产品功能和使用技巧的用户有学习之地。立体化、覆盖线上线下的沟通渠道不仅密切了企业和用户之间的关系，而且聚集了众多认同小米价值观的"米粉"。

　　性价比是小米"蓝海战略"的风向标，用户反应是衡量战略成效的重要标准。小米期待用户的反应历经"尖叫"和"感动"两个阶段。"尖叫"源于小米手机新技术、新设计、新功能或新体验所带来的冲击，而极具震撼感的价格更是画龙点睛之笔。无论是"全球主频最快、首款互联网模式开发手机操作系统（MIUI）"的小米 1、"工艺和手感超乎想象、依然全球顶配性能之王"的小米 4、"探索黑科技"的小米 5、"一面科技，一面艺术"的小米 Note2，还是开创"手机全面屏时代"的小米 MIX 都致力于从硬件、外观、制造工艺和设计理念等方面打造亮点。小米手机虽有特色，但价格只有竞品的 50% 甚至更低。随着技术进步和用户审美水平的提升，推出让用户"尖叫"产品的难度越来越大。高溢价是苹果、三星等企业利润的重要来源。若想在被这两巨头占据的智能手机市场上获得一席之地，小米需反其道而行之——通过远低于竞争对手的价格将质量溢价转化为消费者对企业更好履行"让每个人都能享受科技的乐趣"这一使命的认同。"感动"顺理成章地成为小米所期待的顾客反应。"感动"强调产品优异的质量与具有竞争力价格之间的平衡，体现了企业的换位思考和人文关怀。

　　面对门类如此繁多的产品，小米并没有追求"大而全"，而是采取"有所为、有所不为"的策略。小米只做手机、电视、路由器和智能音箱等产品，掌控小米网、MIUI和供应链等核心环节。小米发挥资本的纽带作用，坚持"入股不控股"的原则，投资与小米价值观相符的潜力企业。这些被投资企业发挥各自在专业领域的研发、人才和资源整合优势，小米与这些企业共同设计产品，共享品控体系、销售渠道、供应商资源和顾客流量。小米在互惠互利的生态链驱动下通过不断涌现的爆品拓展小米的产品边界和影响力，小米已经成为消费者生活中的重要前缀。

　　截至2019年9月30日，小米投资的生态链企业超过280家，投资账面价值287亿元。在这些投资对象中涌现出像华米（2018年2月纽交所上市，首日市值7.13亿美元）、云米（2018年纳斯达克上市，首日市值6.29亿美元）、石头科技（2020年1月15日科创板上市）等一批优秀的上市公司。

　　小米高速发展是"极致品质、远超顾客预期性价比"的产品哲学从智能手机迅速辐射到种类繁多产品的过程，是优异的口碑通过互联网急剧扩散的过程，是小米产品生态系统日益完善的过程，是小米将科技的乐趣通过更多产品传递给用户的过程。小米高速增长的驱动力既有践行"品质、双赢、效率"等亘古不变的商业原则所带来的持久力，也有物联网、人工智能等技术创新所带来的成长爆发力。

　　从小米的成长过程可以看出，企业的成长过程与生物的进化过程有异曲同工之妙：由单细胞生物进化到多细胞生物，由简单生物进化到复杂生物，由低级生物进化到高级生物，由单一生存环境进化到生态环境。生物进化的器官也是由简单综合化，到复杂精细化，如企业组织的成长一样，也是由简单粗放发展到相对杂复精细化的过程，由单一业务发展到生态型业务的过程。

第五章　实践

——"四维驱动"的应用

　　"四维驱动模型"从方向、路径、动力、能力四个维度构建企业成长模型，首先确保行驶方向不偏差，否则容易翻车或南辕北辙；道路应平坦顺畅，否则易颠簸、速度慢、损害车况；动力不够跑不快，爬坡无力；油量或电力不够，行程不远。四维缺一不可，相互影响，如木桶一样，任何短板都会影响全局。亦如企业体检套餐，任一指标不合格都会影响机体健康。

第一节 "四维驱动模型"整体逻辑架构

决策机制保证做正确的事，运营机制保证把事做正确，激励机制保证做事的动力，成长机制保证做事的能力。

一、方向决定路径

"四维驱动模型"的第一维度就是决策机制，企业的发展首要任务是确定发展战略目标，即明确发展方向，要去哪里。没有方向就会漫无目的，就不能凝聚组织力量，团队会一盘散沙，目标从小处说是行动的指南，从大处说是理想追求，是企业的精神支柱。因此，企业的愿景，一个又一个的工作目标牵引组织的行动朝着同一方向进发。

决策机制确定企业发展方向，方向决定路径，就像开车一样，有了目标，才能确定行车路线。决策就是选择，当选择方向后，会有一条最适合到达目的地的路径，但道路并不是自然通畅的，正如鲁迅先生所说："其实地上没有路，走的人多，也便成了路。"道路需要铲平、筑基、铺面，需要架桥、开凿隧道才能形成。企业实现目标的路径就是运营机制，运营是为实现目标服务，需要与目标相匹配。

例如，企业的战略决策是在房地产行业有所作为，想成为行业新秀，成为具一定创新能力的房地产开发企业。相对应的企业的运营机制就是房地产运营管理，而且要建立具国际化视野的运营机制，才能配合企业实现创新目标。

例如，企业的战略决策是在互联网领域成为某垂直专业化互联网运营商，相对应的就是搭建互联网运营管理机制，以某一特定用户为中心，满足用户需求，比竞争对手提供的服务性价比更高，服务更快捷，品质更好，需要搭建相应的运营管理机制。

因此，企业的决策方向决定运行的路径，企业运营机制要与战略相匹配。

二、路径的快捷需要动力

当企业决策机制确定了企业发展的正确方向，明确了奋斗的目标，就要有相应的路径，即运营机制与目标匹配。若路径顺畅但缺乏动力，也难以跑快行远，目标难以执行到位，因此即使企业有再好的运营机制，如果员工没有动能，道路再通畅，也会像没动力的汽车停在高速公路上一样，寸步难行。

在通畅的路径设计好以后，企业决策机制重点要考虑如何提高员工的动力，设计好激励机制，尤其是薪酬分配机制，让员工的价值分配与价值创造强关联。正如任正非所言，如何应对不确定性，是"方向可以大致正确，组织必须充满活力"。强调了组织活力的重要性，而组织的活力，来自激励机制。

三、动力驱动能力的成长

当员工有充足的做事动力时，就会想方设法把工作做好，因为价值创造决定了他的价值分配。员工会自动自发地去探索提高工作效率的方法，当技能与岗位要求有差距时，员工会努力学习，去弥补知识技能方面的不足，员工在岗位上的成长速度会加快。当公司组织相关的培训时，员工的专注度会很高，知识技能会提高很快，员工的潜能可以得到充分的挖掘。因此，动力是员工提高能力、加快岗位成长的催化剂，从某种意义上说，动力会决定能力，因为缺乏动力时，员工会消极怠工，能力发挥不出来，就像茶壶里的饺子，倒不出来，等于没有。

因此可以说，员工内在动力的激发，是所有管理的根本所在，有了动力，不行也会变得行，没有动力，行也会变得不行。

四、能力决定行多远

汽车行驶时方向正确，道路顺畅，动力也充足，油量或电量决定了行驶里程。所以，为了到达目的地，实现拟定的行驶目标，唯有中途加油或充电。一个人的成长，在人生道路上，从某种意义上说，也如行驶在道路上的汽车，人生方向正确，行驶在有光明前景的大道上，即要走正路，也要有奋斗的动力，但要想达到目的，只有不断学习，我们平时也叫作"充电"。在企业组织中的充电，就是培训员工，不断学习，提高技能与能力。

所以，大凡成功的企业都非常重视干部员工的培训，为此成立了专门的企业商学院，如华为、腾讯、阿里等，新员工培训、岗位技能培训、干部轮训等，给予成长的机会，不断对员工赋能，把员工的能力转化成组织的能力。学习是企业能力转化的利器，是创新之源，发展之源，在这方面华为堪称典范。

◆ 案例：华为创新发展

如果没有创新，就不可能有今天的华为。华为发展的历史，就是一部企业创业转型创新发展的历史。

1987 年，华为创立于深圳，成为一家生产用户交换机（PBX）的香港公司的销售代理。

1990 年开始自主研发面向酒店与小企业的 PBX 技术并进行商用。

1992 年开始研发并推出农村数字交换解决方案。

1995 年销售额达 15 亿人民币，主要来自中国农村市场。

1997 年推出无线 GSM 解决方案。因而 1998 年才能将市场拓展到中国主要城市。

1999 年在印度班加罗尔设立研发中心。2000 年在瑞典首都斯德哥尔摩设立研发中心。因此海外市场销售额达 1 亿美元。

2001 年在美国设立四个研发中心。2002 年海外市场销售额达 5.52 亿美元。

2003 年与 3Com 合作成立合资公司，专注于企业数据网络解决方案的研究。

2004 年与西门子合作成立合资公司，开发 TD-SCDMA 解决方案。获得荷兰运营商 Telfort 价值超过 2500 万美元的合同，首次实现在欧洲的重大突破。

在前述创新下，2005 与沃达丰签署《全球框架协议》，正式成为沃达丰优选通信设备供应商，还成为英国电信（简称 BT）首选的 21 世纪网络供应商，为 BT21 世纪网络提供多业务网络接入（MSAN）部件和传输设备。

2006 年与摩托罗拉合作在上海成立联合研发中心，开发 UMTS 技术。

2007 年与赛门铁克合作成立合资公司，开发存储和安全产品与解决方案。与 Global Marine 合作成立合资公司，提供海缆端到端网络解决方案。在 2007 年底成为欧洲所有顶级运营商的合作伙伴。被沃达丰授予"2007

杰出表现奖"，是唯一获此奖项的电信网络解决方案供应商。该年还推出基于全 IP 网络的移动固定融合（FMC）解决方案战略，帮助电信运营商节省运作总成本，减少能源消耗。

在十多年来的不懈创新努力下，华为创新成果显著，仅 2008 年全年共递交 1737 件 PCT 专利申请，据世界知识产权组织统计，在 2008 年专利申请公司（人）排名榜上排名第一；LTE 专利数占全球 10% 以上，2008 年被《商业周刊》评为全球十大最有影响力的公司。根据 Informa 的咨询报告，华为在移动设备市场领域该年已排名全球第三。2008 年，首次在北美大规模商用 UMTS/HSPA 网络，为加拿大运营商 Telus 和 Bell 建设下一代无线网络。移动宽带产品全球累计发货量超过 2000 万部，根据 ABI 的数据，市场份额位列全球第一。

2009 年，无线接入市场份额跻身全球第二。成功交付全球首个 LTE/EPC 商用网络，获得的 LTE 商用合同数居全球首位。率先发布从路由器到传输系统的端到端 100G 解决方案。获得 IEEE 标准组织 2009 年度杰出公司贡献奖。获英国《金融时报》颁发的"业务新锐奖"，并入选美国 Fast Company 杂志评选的最具创新力公司前五强。主要产品都实现资源消耗同比降低 20% 以上，在全球部署了 3000 多个新能源供电解决方案站点。

2010 年，全球部署超过 80 个 SingleRAN 商用网络，其中 28 个已商用发布或即将发布 LTE/EPC 业务。在英国成立安全认证中心。与中国工业和信息化部签署节能自愿协议。加入联合国世界宽带委员会。获英国《经济学人》杂志 2010 年度公司创新大奖。

2011 年，发布 GigaSite 解决方案和泛在超宽带网络架构 U2Net。建设了 20 个云计算数据中心。智能手机销售量达到 2000 万部。整合成立了"2012 实验室"。发布 HUAWEI SmartCare 解决方案。在全球范围内囊获 6

大 LTE 顶级奖项。

2012 年，持续推进全球本地化经营，加强了在欧洲的投资，重点加大了对英国的投资，在芬兰新建研发中心，并在法国和英国成立了本地董事会和咨询委员会。在 3GPP LTE 核心标准中贡献了全球通过提案总数的20%。发布业界首个 400G DWDM 光传送系统，在 IP 领域发布业界容量最大的 480G 线路板。和全球 33 个国家的客户开展云计算合作，并建设了 7 万人规模的全球最大的桌面云。推出的 Ascend P1、Ascend D1 四核、荣耀等中高端旗舰产品在发达国家热销。

2013 年，作为欧盟 5G 项目主要推动者、英国 5G 创新中心（5GIC）的发起者，发布 5G 白皮书，积极构建 5G 全球生态圈，并与全球 20 多所大学开展紧密的联合研究；华为对构建无线未来技术发展、行业标准和产业链积极贡献力量。400G 路由器商用方案得到 49 个客户的认可并规模投入商用；此外，华为还率先发布了骨干路由器 1T 路由线卡，以及 40T 超大容量的波分样机和全光交换网络 AOSN 新架构。持续领跑全球 LTE 商用部署，已经进入了全球 100 多个首都城市，覆盖九大金融中心。发布全球首个以业务和用户体验为中心的敏捷网络架构及全球首款敏捷交换机 S12700，满足云计算、BYOD、SDN、物联网、多业务以及大数据等新应用的需求。以创新为路径，以消费者为中心，以行践言（Make it Possible），持续聚焦精品战略，其中旗舰机型华为 Ascend P6 实现了品牌利润双赢，智能手机业务获得历史性突破，进入全球 TOP3，华为手机品牌知名度全球同比增长 110%。

2014 年，在全球 9 个国家建立 5G 创新研究中心。承建全球 186 个400G 核心路由器商用网络。为全球客户建设 480 多个数据中心，其中 160多个云数据中心。全球研发中心总数达到 16 个，联合创新中心共 28 个。

在全球加入 177 个标准组织和开源组织，在其中担任 183 个重要职位。2014 年，智能手机发货量超过 7500 万台。

2015 年，根据世界知识产权组织公布的数据，2015 年企业专利申请排名方面，华为以 3898 件连续两年位居榜首。华为 LTE 已进入 140 多个首都城市，成功部署 400 多张 LTE 商用网络和 180 多张 EPC 商用网络。光传送领域，华为与欧洲运营商共同建设了全球首张 1T OTN 网络，与英国电信合作完成业界最高速率 3Tbps 光传输现网测试。发布了全球首个基于 SDN 架构的敏捷物联解决方案。发布了全球首款 32 路 ×86 开放架构小型机昆仑服务器。智能手机发货超 1 亿台。华为在全球智能手机市场稳居全球前三，在中国市场份额位居首位（GFK 数据）。

2016 年，华为支持全球 170 多个国家和地区的 1500 多张网络的稳定运行，服务全球 1/3 以上的人口。华为已在全球部署了超过 60 张 4.5G 网络；华为无线家庭宽带解决方案（WTTx），覆盖全球 3000 万家庭；华为在超过 100 个国家累计部署 190 多张移动承载网络。华为已在全球获得了 170 多个云化商用合同；VoLTE 和 VoWiFi 解决方案累计服务于全球 110 张网络；数字业务云服务平台累计引入超过 4000 家合作伙伴，聚合超过 60 万数字内容和应用。华为联合 500 多家合作伙伴为全球 130 多个国家和地区的客户提供云计算解决方案，共部署了超过 200 万台虚拟机和 420 个云数据中心。华为智慧城市解决方案已应用于全球 40 多个国家的 100 多个城市，华为还主笔了 9 项智慧城市中国国家标准；华为平安城市解决方案已服务于 80 多个国家和地区的 200 多个城市，覆盖 8 亿多人口。在金融领域，华为全渠道银行解决方案已服务于全球 300 多家金融机构，包括全球十大银行中的 6 家；在能源领域，华为全联接电网解决方案已应用于全球 65 个国家，服务 170 多个电力客户；在交通领域，华为已与业内 60 多个合作伙伴开展合作，提供数字城轨、智慧机场等解决方案，服务全球超过 22 万公里的铁路和高速公路、15 家以上客流量超 3000 万的机场。全年智能手机发货量达到 1.39 亿台，同比增长 29%，连续 5 年稳健增长；全球市场份额提升至 11.9%，居全球前三。

2017 年，物联网战略持续推进，NB-IoT 技术日趋成熟，全球部署超过 50 万个基站，商用连接突破 1000 万。华为与 1000 多家生态合作伙伴共建生态，开启物联网黄金时代。全云化战略持续推进，华为在全球签署超过 350 个 NFV 和 380 个 SDN 商用合同，部署超过 30 个 CloudAIR 无线空口云化商用网络，引领全云化网络走向现实。在 5G 领域，在全球十余个城市与 30 多家领先运营商进行 5G 预商用测试，性能全面超越国际电信联盟（ITU）要求。在云计算、大数据、企业园区、数据中心、物联网等领域，不断强化产品与解决方案创新，并推动在智慧城市、平安城市以及金融、能源、交通、制造等行业广泛应用。通过打造开放、灵活、安全的端管云协同 ICT 基础设施平台，做客户和伙伴平台的平台；同时坚定不移地与生态伙伴"共生、共赢"，做生态的土壤，共同实现可持续增长。目前，197 家世界 500 强企业、45 家世界 100 强企业选择华为作为数字化转型的合作伙伴。消费者业务方面，打造"世界级智能终端品牌"华为与荣耀双品牌并驾齐驱，用户忠诚度不断提升，市场规模快速增长，华为（含荣耀）智能手机全年发货 1.53 亿台，全球份额突破 10%，稳居全球前三，在中国市场持续保持领先。

2017 年，华为新推出的 HUAWEI Mate10 成为首款加载人工智能芯片的手机，为消费者带来了真正意义上的、足以称为由 AI 主导的智能手机。

全球品牌知名度从81%提升至86%，海外消费者对华为品牌的考虑度大幅提升，较2016年同比增长100%，首次进入全球前三。

构建开放可信的云平台。2017年，新成立Cloud BU；截至2017年底，华为云已上线14大类99个云服务，以及制造、医疗、电商、车联网、SAP、HPC、IoT等50多个解决方案。正式发布EI（Enterprise Intelligence）企业智能，将华为多年来在人工智能领域的技术积累、最佳实践与企业应用场景相结合，为企业客户提供一站式的人工智能平台型服务。已发展云服务伙伴超过2000家。

2018年，全年全球销售收入首超千亿美元。2018年度华为手机（含荣耀）全球发货量突破2亿，稳居全球前三。211家世界500强企业、48家世界100强企业选择华为作为数字化转型的合作伙伴。5G微波开启全面商用的新征程。发布全球首个覆盖全场景人工智能的Ascend（昇腾）系列芯片以及基于Ascend（昇腾）系列芯片的产品和云服务。发布AI战略与全栈全场景AI解决方案，在全云化网络基础上引入全栈全场景AI能力，打造自动驾驶网络。发布了基于3GPP标准的端到端全系列5G产品解决方案。发布新一代顶级人工智能手机芯片——麒麟980。

第二节　企业实施"四维驱动模型"的步骤

任何一个参与竞争型的组织，要想立于不败之地，要有正确的方向，有高效协同的运作，每个成员要有较强的意愿动力，并有胜任相关工作的能力。正如任何一支有战斗力的军队，必须要有正确的战略战术决策，不同兵种间的密切配合，士兵勇敢的战斗精神，以及熟练使用枪械的技术，掌握灵活机动的作战能力，"四维"聚集一体，才能确保战争的胜利。

一、明确企业使命、愿景与价值观

企业组织要把每个成员凝聚在一起，首先要明确企业为什么存在，正如人活着的意义是什么，激发崇高的使命感；企业的愿景明确了组织的未来，要成为什么，在行业中的定位，成为激发员工奋斗的蓝图；企业价值观明确了什么对企业来说是重要的，是根植于组织内心深处的核心信念，贯穿于员工的所有行为当中，是行为价值取向的基本指导思想。

企业使命、愿景与价值观构成了企业的精神灵魂，是企业文化的核心理念。企业成员的所有思想行为，都应以此为指导，将其融入日常工作当中，在企业的管理制度与员工行为准则中都应得到体现。例如，"以客户为中心"的价值观，要产品的研发设计从客户需求出发，研究分析客户的喜好、便利、用途，尽量满足客户需求，降低客户成本，提高客户价值；在产品制造方面，要考虑产品的品质、性能、安全、客户使用的便利性；在客服方面应做到热情、细心、周到，想客户所想，急客户所急。这样，把"以客户为中心"的价值理念贯穿产品价值创造全过程。

企业的愿景不仅是对未来的理想追求，更多要落实在企业决策与运营过程中，如"成为行业领导者"，要实现这一愿景，企业在决策时，要着眼于超越竞争对手能力的打造，吸纳优秀人才，培养好人才，尤其是管理干部，提高企业的创新能力，否则"成为行业领导者"就是一句空话。

总之，企业的使命、愿景、价值观在一开始时就需要明确，并随着企业的发展进行动态化的调整，从而引领企业迈向一个个新的台阶。

二、明确公司治理结构

公司治理结构，是为了提高企业竞争能力使资源配置合理有效，所有者（股东）对公司的经营管理和绩效进行监督、激励、控制和协调的一整套制度安排，它反映了决定公司发展方向和业绩的各参与方之间的关系。典型的公司治理结构是由所有者、董事会和执行经理层等形成的一定的相互关系框架。规模较大的公司，其内部治理结构通常由股东会、董事会、经理层和监事会组成，它们依据法律赋予的权利、责任、利益相互分工，并相互制衡。规模较小公司的治理结构通常简单很多，股东会与董事会合二为一，甚至与经理层融合在一起，由老板兼任总经理，只有少数股东没参与经营管理，治理结构相对简单。

股东会由全体股东组成，是公司的最高权力机构和最高决策机构。公司内设机构由董事会、监事会和总经理组成，分别履行公司战略决策职能、监督职能和经营管理职能，在相互制衡前提下开展公司治理，对股东负责，以维护和争取公司实现最佳的经营业绩。

股东会作为公司价值聚焦"顶点"，为了维护和争取公司实现最佳经营业绩，公司价值投射向董事会、总经理和监事会三个利益"角位点"，此三个利益"角位点"相互制衡形成"三角形"；"顶点"和"三角形"构成"锥形体"，这是公司治理结构的标准模型。

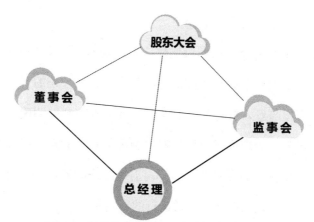

图5-1　典型的公司治理三角支撑模型示意图

公司治理结构要解决涉及公司成败的三个基本问题：

一是如何保证股东的投资回报，即协调股东与企业的利益关系。在所有权与经营权分离的情况下，由于股权分散，股东有可能失去控制权，企业被内部人（即管理者）控制。这时，控制了企业的内部人有可能做出违背股东利益的决策，侵犯了股东的利益。这种情况导致投资者不愿投资或股东"用脚表决"的后果，会有损于企业的长期发展。公司治理结构正是要从制度上保证所有者（股东）的控制与利益。

二是企业内各利益集团的关系协调。这包括对经理层与其他员工的激励，以及对高层管理者的制约。这个问题的解决有助于处理企业各集团的利益关系，又可以避免因高管决策失误给企业造成的不利影响。这就是公司的基本层。

三是提高企业自身抗风险能力。随着企业的发展不断加速，企业规模不断扩大，企业中股东与企业的利益关系、企业内各利益集团的关系、企业与其他企业关系以及企业与政府的关系将越来越复杂，发展风险增加，尤其是法律风险。合理的公司治理结构，能有效地缓解各利益关系的冲突，增强企业自身的抗风险能力。

中小型企业的治理结构相对比较简单，通常所有者与经营者为一体，即所有者到位，大股东通常直接参与经营管理，是公司的直接控制者，但也会有少数不参与经营管理的小股东，或即使参与也要明确相互间的责权利的关系，按公司治理模式，形成权力制衡，对大股东要有约束，防范大股东侵害小股东权益的现象发生。公司治理结构的确定，为公司正常运行提供了制度框架，是确保公司正常运行的制度保障。

三、明确决策层级——企业授权体系

公司治理结构为企业重大事务的权限做出了制度性安排，在"三权分立"的框架下，最重要的是企业内部经营管理权限。企业授权体系建立的原则是既有利于权力的监督，又有利充分发挥各级人员的能力，做到责权利的统一，权力与责任相结合。没有统一指挥，就没有统一的组织；没有分权与授权，就没有活力与效率。要处理好权力的分配体系，就一定要建立相应的匹套机制，做到既能统一指挥，又能授权处理。

授权具有明显的优越性：有利于组织目标的实现，有利于领导者从日常事务中解脱出来，集中力量处理重要决策问题；授权有利于激励下级，调动下级的工作积极性；授权有利于培养、锻炼下级。

授权的四个要求：一是依工作任务的实际需要授权，适度授权，该放给基层的权力一定要放下去，但也要防止授权过度；二是授权过程中，必须使下级职、责、权、利相当；三是实行最终职责绝对性原则，即上级授权给下级，但对工作的最终责任还是要由上级来承担；四是上级必须坚持有效监控原则，授权不等于放任自流，上级必须保有必要的控制。

企业经营管理中的权力主要是批准权，即拍板权，书面一点说是决策权，其他审核权、建议权、提案权只是企业经营过程中的参与权，但最关键的、起决定作用的是决策权。孙子曰："兵者，国之大事，死生之地，存亡之道，不可不察也。"表明了军事是决定国家生死存亡的重大决策，需要认真考察研究，谨慎决策。同样，在涉及企业的重大事项，特别是关系生死存亡的重大决策时，一着不慎有可能全盘皆输。因此，要重点关注企业的决策权。如何提高决策的质量？就是建立有效的决策机制，正如任正非所说的，"以规则的确定性，来应对未来的不确定性"。

四、建立决策机制

1. 明确各层级决策主体

决策权是任何一个组织的核心权力，谁掌握了重大事项的决策权，谁就有了话语权，谁就控制了该组织。为了统一指挥，但又要兼顾组织的活力与效率，就要根据层级来授权，明确各层级决策主体，所谓"将在外，君命有所不受"，就是根据作战实际情况，由现场指战员进行决策的权力。经常在战争片中会出现这样的场景，当战争残酷时，团长会宣布规则：团长不在由营长指挥，营长不在由连长指挥，连长不在由排长指挥……就是在明确作战的决策主体，企业应根据授权体系，明确各层次决策主体，形成自上而下的决策机制。

2. 明确相应的决策信息来源

无论何种决策组织在决策时都需要准确全面的决策信息，因为信息来源决定决策的正确性。所有竞争型组织都重视决策的情报信息，一切决策都要根据信息确定，没有信息的决策如"盲人摸象"。国与国之间的竞争通常会投入巨资建立自己的情报信息网络，因为掌握竞争对手的情报信息，了解对手的一举一动，才能做到有的放矢，精准决策，采取有效的应对措施。相传当年罗斯柴尔德家族制富之法宝就是善于掌握情报信息，他们的情报人员渗透到社会各阶层，有的甚至加入军方，第一时间掌握战争前线的情报，根据战况来决定资产的买卖。在企业经营当中，常常因信息不全凭经验拍脑袋式的决策产生重大失误，导致重大损失，对企业未来的发展产生重大影响。

决策信息的来源不仅有企业自身建立的数据库及各种媒体、数字平台的数据，更重要的是相关人员与客户、竞争对手、上下游合作伙伴互动中获取的信息。原则上，公司相关人员都应成为决策的参与者，并根据职责提供与决策相关有价值的决策信息，正如任正非所说，"让听得见炮声的人决策"。"听见炮声"形象地说明了来自市场一线信息的重要性，他们深入市场，了解客户、竞争对手及合作伙伴，他们的建议是不可或缺的决策参考。

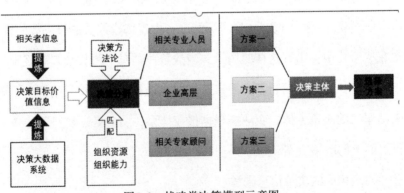

图5-2　战略类决策模型示意图

3. 正确选择决策分析工具

根据决策的类型及特点，选择正确的决策分析工具。如战略决策分析工具 PEST 宏观分析、SOWT 分析，市场竞争的波特五力模型分析，客户消费趋势的大数据分析，投资回报的盈亏平衡分析等。选择合适的决策分析工具，可以有效提高决策质量，确保决策实施效率与效益。

4.决策实施

在决策制定之后，就要付诸实施。确定决策目标，根据职责分工，明确决策执行责任主体及支持配合人员，配置相应资源，把责任结果与价值分配相关联，签订任务承诺书。制定行动计划，明确行动步骤与相应时间，掌握执行过程的动态变化，及时解决其中存在的问题。

5.决策反馈与纠正

对决策实施的过程可从空间与时间两维度制定阶段性成果，时间维度是把实施计划的整体时间分成几个阶段，对每个阶段的实施情况进行评估，检讨与决策目标的一致性，对偏差进行纠正；空间维度就是按照里程碑不同把决策过程分成不同的阶段。这样通过重要里程碑的完成来评估实施情况，对存在的问题与偏差进行处理及纠正。

总体来说，明确决策主体，就是明确了决策权力人；明确决策信息来源，保证决策依据的充分；选择有效的决策分析工具能提高决策质量；决策实施过程的监控与纠正，确保决策结果不偏离目标。这样环环相扣，使组织每个决策层级，按照决策管理程序运行，从而确保经营目标的实现。当然，并不是所有的决策都按这个程序，比较确定的决策或是对公司影响较小的决策，可以从简处理。

◆ 案例：华为的IPD集成管理

1998 年，华为公司致力于企业研发管理体系建设，探索实施研发管理优化机制，从本质上看，这是一整套关于研发过程管理的决策机制。当时，华为公司还招聘了一批工商管理硕士进入公司内部实施管理优化。不过，此时关于研发管理变革的项目只是从自己对研发管理理解的"闭门造车"，导致拿出的研发流程变革方案推广实施后并没有达到预期效果，最终成为一次失败的尝试！

后来，任正非亲自带团队到美国、日本等发达国家中的优秀企业如IBM、微软等公司进行实地调研，学习取经。到1999年初，华为正式决定不惜血本，花高价请IBM70位洋顾问来华为实施研发管理机制变革。任正非拍板决定实施集成研发系统（IPD），加上其他费用，整个机制变革共计花费20亿元人民币，共5年时间。现在看来，当时花20亿是值得的，证实了任正非的眼光和魄力！

集成产品开发模式是以企业战略为导向制定产品战略，基于市场需求的角度选择业务机会，运用投资的理念执行业务计划，通过异步研发模式、跨部门团队和结构化并行研发流程，成功地将产品推上市场，实行产品生命周期管理。

根据IBM的研发管理方法论，华为的IPD项目分关注、发明和推行三个阶段。

关注阶段：在调研诊断的基础上，进行反复的培训、研讨和沟通，使相关部门和员工切实明确IPD的思路。

发明阶段：方案设计和选取三个试点PDT，按IPD进行运作。

推广阶段：首先在50%的项目中推广，逐渐扩大到80%的项目，最后推广到公司全部。

华为在项目实践的基础上，按照"先僵化，再固化，后优化"的方针，持续对业务体系进行变革和优化，一直到 2016 年推出"日落法"，开始进入固化阶段。

IBM 实施 IPD 三年之后，产品开发流程得到了重大改善，多项指标被刷新：

高端产品上市时间从 70 个月减少到 20 个月，中端产品上市时间从 50 个月减少到 10 个月，低端产品上市时间少于 6 个月；研发费用占总收入的百分比从 12% 减少到 6%；研发损失从起初的 25% 减少到 6%；产品质量得到提高，人均产出率大幅度提高，产品成本降低。

通过 IPD 变革，华为公司整体价值创造核心过程进行重整，使产品开发更加关注市场竞争的需要，逐步建立完善的文档与产品数据管理模式，使整个开发过程更加高效。

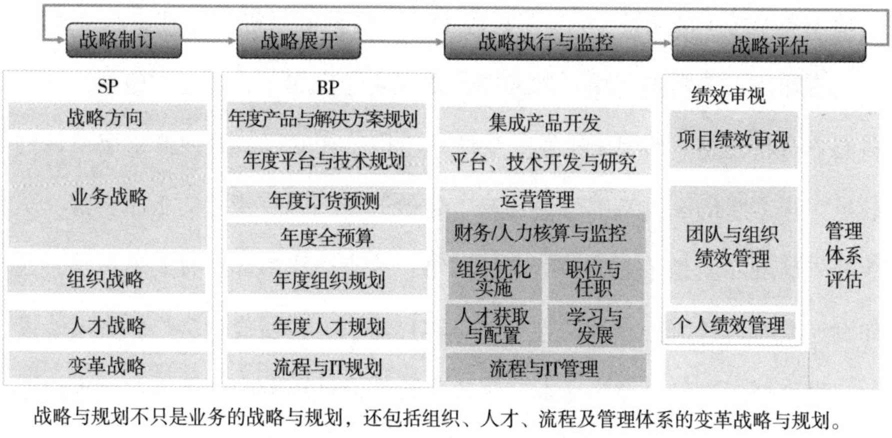

战略与规划不只是业务的战略与规划，还包括组织、人才、流程及管理体系的变革战略与规划。

图5-3　华为战略管理流程架构图

总体来说，无论是战略管理流程还是 IPD，本质上是企业决策管理机制，是对决策目标进行有效分析、制订战略、实施、监控、纠偏的系统决策管理及执行机制。

五、建立运营机制

运营管理是对企业运营过程的计划、组织、实施和控制的管理。企业管理的五大职能从人力资源管理、财务会计、技术、生产到市场营销，是有机联系的循环往复的过程，是一个投入、转换、产出的过程，也是价值增值的过程。把运营战略、新产品开发、产品设计、采购供应、生产制造、产品配送直至售后服务看作一个完整的"价值链"，对其进行集成管理，就是企业运营管理。

1. 建立基于企业目标的价值链流程与标准

价值链之间及其价值链内部各要素之间，如何有机联系在一起，需建立相应的流程标准，把各要素组合联系起来。流程是价值实现的步骤，而价值不是凭空产生的，与输入紧密相关，根据能量守恒定律，没有输入就没有输出，流程的起始是输入端，末端为输出端。企业通常包括四个大核心业务价值链：设计/研发—生产—销售—客服。从客户需求出发，到满足客户需求的端到端的价值创造，各价值链之间有相应的工序步骤，步骤的先后顺序就是企业的一级流程。每一价值模块内部也有实现步骤，例如设计要有设计流程，通常包括明确客户需求、产品规划、产品方案、设计、设计结果交付，此为企业二级流程。而设计环节中明确客户需求的流程为客户需求调研、竞争对手产品调研、售后服务调研、客户需求识别、客户需求提炼，此为三级流程。这样企业流程由一级流程、二级流程、三级流程等步步相接，环环相扣，流程从大到小、从粗到细、从上到下按层级分解，一环扣一环，形成运营流程的闭环系统。由下到上执行，构成企业整体价值链的运营流程与标准。

2. 运营组织的建立

运营流程是明确了怎样做，运营组织是确定谁来做，谁主导，谁支持配合。运营组织明确了运营管理过程的职责分工，组织与流程一定要匹配，不仅职责分工要清晰，而且组织的能力与运营要相符合，当能力不匹配时，会严重影响运营的质量与效率。

3. 建立运营管理循环

PDCA 管理循环，是运营过程管理的重要工具。

计划。制定行动计划，明确资源配置，阶段成果与时间安排，责任人与支持配合人员。计划是统领一切事务的系统安排，没有计划的组织执行容易陷入杂乱无序状态，导致资源浪费，效率低下。

实施、检查与纠正。对计划进行组织实施，对过程进行检查，发现问题及时处理，有偏差及时纠正，确保计划有序正常进行，保证运营质量。将重要问题列入新的计划，进入 PDCA 管理循环。

◆ 案例：生产型企业的运营机制

生产型企业的运营管理是相对较复杂的，涉及设计研发、采购、生产、营销、客服及相关的供应链、人力、财务、信息等职能的协调与管理，其中关键的价值链在于生产环节，决定了产品的品质与性价比。以上海大众汽车公司为例，其属中外合资企业，中外双方根据股份比例占据相应的决策席位。汽车制造是比较复杂的过程，其独立的零部件数量可达 3 万多个，稍有差错就影响汽车的整体运行，尤其汽车涉及人员的人身安全，更加马虎不得。

在生产管理相关运营机制中，上海大众计划控制与物流是生产管理的关键部门。一方面需要负责协调供应商提供的汽车零部件及排期，另一方面还需要制定自身的生产计划，包括具体车型的生产排序、生产调度等。两者之间需要通过系统的管理流程与标准进行协调与控制，工序之间、零部件的组装都需要做到无缝对接，形成有机的统一体。

在供应链管理方面，上海大众汽车公司在发动机和车架方面属于自己生产，其他部件属于供应链外包服务。其中，供应链的选择、评估等环节，有其相应的管理流程标准，形成比较科学的管理机制。

在质量监督方面，上海大众早在 1995 年就通过 TSO9001 质量体系认证，严把质量关，其产品在市场上获得了良好的声誉。

由此可见，良好的运营管理机制，决定了产品的品质、效率及市场占有率。

六、建立激励机制

人类社会有史以来的变革，基本上是以分配机制为主线，解决分配中的矛盾，调动社会生产的积极性，推动人类文明的发展进步。在企业组织中，建立有效的激励机制是决定组织活力与动力的关键。

1. 明确岗位价值

根据组织架构与职责分工，从岗位责任、价值贡献度、所需的能力、市场稀缺性等方面确定岗位价值。岗位相对价值的现实体现是职级，即组织内部的职务等级，根据职级与市场薪酬标准建立对应的薪级，从而得出岗位的基本工资，作为衡量岗位价值的标准度量。

2. 建立基于价值创造的绩效评价机制

岗位基本工资，是岗位的静态价值，是具备创造价值的职责与能力相结合的产物。但最终的价值贡献，要通过绩效评价机制来确定，在工资结构中，绩效评价结果是动态的工资收入，按照绩效系数对应的工资基数确定绩效工资。奖金是对于超出价值的一种奖励，根据公司的经营成果，从利润中提取，或某一项目业绩承诺兑现的奖励，奖金与经营成果挂钩，与岗位价值关联。

3.短期激励与长期激励

如何使短期利益与长期利益相结合，是任何激励机制都要考虑的重要因素。正如我们吃某样食品感觉很香，但长期吃对身体不利，那就不能贪图一时的口之快感，而损害了身体，就要对这种食品进行节制，也就是不要为了短期利益而损害长期利益。因此，在企业经营管理当中，要把短期目标相关的短期激励，与长期目标相关的长期激励相联系，使企业在追求短期利益的时候兼顾长期利益。例如，不能为了短期成本的节约，而影响产品质量，影响企业形象与市场口碑，否则，短期利益的过度追求，可能把企业推向绝路。短期利益与长期利益相结合，是所有组织持续生存发展的重要原则。

土地肥力的保持属于长期目标，粮食产出属于短期目标。根据岗位的影响力、责任及所需能力的不同，在激励层面企业基层侧重于短期激励，高层侧重于长期激励，中层介于高层与基层之间。通过长短结合的激励机制，既追求短期利益的可得性，又兼顾长期利益的持续性。

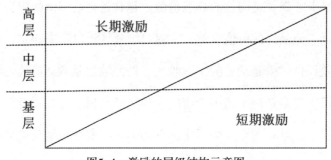

图5-4　激励的层级结构示意图

◆ 案例：华为的低基础薪资与高奖励薪资

华为公司在工资待遇方面按照低基础薪资与高奖励薪资相结合，其经济性薪酬包括工资、福利、加班费、奖金、股权等。

1. 基础薪资

华为员工的基本工资根据职位和任职资格来确定，不过这些因素影响都不是很大。华为内部建立了独特的任职资格评价机制，根据员工的业绩考核将员工划分级别，工作2年可晋升一级，不同级别相应的工资也有差别，级别越高，工资越高。在重金高薪的吸引下，许多高科技人才踊跃加盟华为。

2. 福利待遇

除五险一金等基本法定保障福利外，华为还有出差交通补贴等福利，员工福利都采用货币化。每年年底工卡里的福利数高于一定数额或者员工离职时可以一次性取出。华为公司还为全体员工提供诸如集体旅游、生日祝福等人性化的保障性福利。另外，华为按照职位、层级或绩效的不同，对部分员工提供额外的特殊福利。

3. 加班费

华为员工加班很正常，周末和节假日有时也要加班。加班时间越长，加班费越多。晚上的加班费是本人工资的 1.5 倍，周末的加班费是 2 倍，法定节假日则为 3 倍。

4. 年终奖

华为员工年终奖根据产品的利润大小和具体业绩而定。一般普通员工满一年就可以获得 1 万—3 万元的年终奖，奖金在所有报酬中占比 1/4。

5. 内部员工持股

华为内部员工持股制度对我国企业来说具有开创性的意义。员工入职 1—2 年可以基于个人绩效表现获得一定数额的内部股票。每年根据岗位和级别以及绩效形式给员工配一定数量的期权，5 年一周期，结算可以得到收益。华为员工持股制度在华为整个薪酬管理制度中发挥了激励作用，将公司整体利益与个人收益紧密联系，为华为提供了源源不断的工作动力。

七、建立成长机制

1. 岗位胜任模型与培训

组织架构是企业职责分工体系，由公司根据价值链分解到部门，再由部门分解到岗位。岗位的工作职责决定了岗位的任职要求与标准，通常包括两方面，一是核心胜任力，属于人的品质方面，有一定的天赋性和普适性，如领导力、勤勉、创新、品德等；另一方面是专业胜任力，属于专业与岗位的针对性，如必备的知识、技能、专业经验、素质等。

建立核心岗位胜任模型，不仅作为岗位人员招聘的标准，还可以把岗位现有任职人员与胜任模型进行对照，找出其中的差距，提炼出培训需求。

2. 运营复盘与经验提炼分享

运营复盘有两个维度，一是时间维度，是把运营的过程分成时间段进行总结分析；二是空间维度，是指运营一个完整项目后，或项目完成一个重要里程碑后进行复盘。从复盘中提炼成功经验，找出问题并制定解决问题的办法，在下一个阶段或项目中进行优化，验证其有效性，把通过实践证明有效的方法或创新的流程正式作为组织的运营管理机制，并在组织中进行分享推广，从而把能力建在组织上以及员工个人上。

3. 标杆成功企业的经验分享

成功的企业一定有超出普通企业的成功经验与方法，学习行业标杆企业，从中提炼出成功经验与方法论，为我所用，并通过实践验证其与公司的符合性、有效性，借鉴成功企业的方法，在组织中推广应用，并对组织流程标准进行调整优化。

4. 学习型组织建设

大型企业大多有自己的管理商学院，如华为、腾讯、阿里等。中小型企业资源相对比较薄弱，难以建立自己的企业商学院，但同样可以建立自己的学习组织，实行内部讲师制度，根据企业发展需求及人力资源现状，制定全员培训计划，把培训列入行为表现的重要考核内容，对学习优秀分子进行奖励，鼓励干部进修学习，建立例行学习机制，把终身学习理念贯穿到组织所有成员当中。鼓励创新，并允许一定程度的试错，把建设学习型组织作为企业长期发展的重要内容，形成企业自上而下、齐抓共管的机制。

良好的企业成长机制，可以满足企业持续发展的人才需求，可以帮助企业获得长期竞争优势。而成长机制的打造是多方位、多维度的，重点是把能力建在组织上，只有组织能力的持续提高，才能确保企业持续发展与永续经营。

◆ 案例：华为封闭式入职培训

一、华为新入职员工培训"721法则"

华为对新入职员工运用"721"法则进行培训。"721"法则即70%的业务能力提升来自工作实践，20%来自工作导师的帮助，10%来自课堂学习。公司合理安排各个阶段的培训内容和时间，强调工作实践对新员工未来成长的重要性。

二、员工融入"狼群"的三个阶段

华为通过打造系统的入职培训、岗前培训和在岗培训平台，成功解决新人的融入问题。员工入职培训分为"三个阶段"：

（一）引导培训：导师先行

华为把拟录用的大学生提前分配到各个业务部门，在毕业生进入华为之前，华为会提前给每个人指定一名导师，要求员工导师一个月必须给他们打一次电话进行沟通，了解他们的个人情况，如果毕业生确实想进华为工作，导师会给他们安排一些工作，提前让其了解岗位知识，帮助他们做好思想准备。

（二）集中培训：植入文化基因

学习华为的企业文化，包括规章制度的设立等，周期5—7天，而且新员工都要到深圳总部参加培训。

新员工白天跑步、上课，晚上开辩论会，还演节目、写论文等。主要学习企业文化，了解体会为什么公司会出台相应的政策和制度，深入理解文化、价值观相关内容。

（三）实践培训：深入一线

华为非常重视新员工的实践培训。新员工需要在导师的带领下，在一线真实的工作环境中锻炼和提高自己。当然，不同岗位的新员工，他们的培训内容和方式有很大差别。

三、潜移默化植入华为价值观

华为的新入职员工都要进行为期3个月的封闭培训，培训分为文化培训和岗位培训两个环节。文化培训是所有入职的校招应届生的必经阶段，而根据所在职位不同，岗位培训的内容不尽相同。

任正非在《写给新员工的信》中说："一个高新技术企业，不能没有文化，只有文化才能支撑它持续发展，华为的文化就是奋斗文化，它的所有文化的内涵，都有来自世界的、来自各民族的、伙伴的，甚至竞争对手的先进合理的部分。"

对于团队的一个新成员来说，融入华为文化需要一个艰苦的过程。因此，华为要求每一位新成员都积极主动、脚踏实地地在做实的过程中不断体会理解华为文化的核心价值，从而认同直至消化接纳华为的价值观，使自己成为一个既认同华为文化，又能创造价值的华为员工。

华为推崇狼性文化。在课堂上鼓励员工积极发言，不管是回答老师问题，还是主动提问，第一个站出来的都会有适当的奖励，老师或者同学也往往会记住第一个人，后面的虽然也很努力，但是相对而言就没那么让人印象深刻。以此来帮忙新人进行自我破局，构建适合华为狼性文化的价值观与行为准则。

四、给每位新员工配备导师指导

华为是国内最早实行全员"导师制"的企业，也是对培训最为重视的企业，在员工成长方面收到极佳的效果。

在新员工入职培训时，公司都指定一名导师，帮助新员工较快融入公司，适应公司文化。华为对导师的选拔有两个条件：第一绩效必须好，第二要充分认可华为文化。同时，一名导师名下不能超过两个学生，以保证文化传承的质量。

华为对导师有相应的激励政策：一是晋升限制，规定凡是没有担任过导师的人，不能提拔；二是给予导师补贴，补贴会持续发放半年；三是开展年度"优秀导师"评选活动，在公司年会上进行隆重表彰。

这些措施，激发了老员工踊跃担任导师的积极性和带好新员工的责任感。

华为的"导师制"是一项非常好的新员工培养制度，不仅可以有效缩短员工进入新环境的"磨合"期，尽快适应新的工作岗位，而且可以密切员工之间、上下级之间的关系，值得所有企业学习和借鉴。

五、对照模式主动学习

通过三个月的试用期培训，大部分员工能够掌握规模软件开发所需要的基础知识并养成良好的编程、学习习惯，为以后的软件开发打下坚实的基础，华为的研发实践证明，这是一套行之有效的培训体系。

第三节 "四维驱动模型"诊断与企业永续经营

"四维驱动"定义了企业成功模型，方向、路径、动力、能力四维之间是一个有机整体，缺一不可，可以说是企业健康成长的体检套餐，任一指标的问题都会影响整个机体的正常运行。因此，如何使四个维度平衡发展，协同共进，才是企业持续发展、永续经营之道。

一、决策机制的诊断

1. 企业重大事项的决策程序如何？有没有明确的决策主体？是一人决策还是集体决策？参与决策的人是哪些，他们是什么身份？

决策主体与决策参与者决定了决策的质量，也体现了民主集中制原则是否得到贯彻。决策主体一定是承担决策结果的主体，体现责权利的一致性原则。决策的参与者构成，体现了决策的能力组成，是否有行业专家、管理专家、技术专家参与。行业专家熟悉市场，管理专家深谙决策过程管理，技术专家理解发展趋势，此三者之间能力优势互补，组成了科学有效的决策能力。倘若决策能力结构不合理、不科学，决策质量就得不到保证。

2. 决策的信息来源是否全面真实？决策依据是什么？

信息是决策目标现状与未来趋势的表象，没有充分的信息支撑，难于掌握事物发展的本质及内在规律，决策就会如无本之木，无源之水，自然也是难以落地的。

3. 是否应用了科学决策方法，制定了有效的决策方案？

有了全面的决策信息，但对信息不能较好地提炼应用，没有正确的决策方法，没有形成有效的决策方案，也难以真正发挥信息的价值。例如，已掌握敌人行军线路这个重要信息，但如何应用这个信息，如何伏击敌人，需要军事理论与作战经验相结合，制订有效消灭敌人的作战方案。

4. 决策方案如何形成？

决策方案是决策机制的输出结果，方案的有效性直接体现了决策的质量。决策方案，是决策参与者的集体智慧，而不是某个人拍脑袋的结果，企业决策方案的制定至少应有三方面专家组成：行业专家、管理专家、技术专家，包括财务、法务方面的专业人才，当然专家不一定是社会知名专家，有的是在这方面有较深造诣的专业人员，包括内部的高层管理、高级技术人员等。重大决策基本上是风险型或不确定型决策，凡类似这种决策，应由决策小组成员制定出三个备选方案，并列出每个方案的优劣势，供决策主体选择，在选择方案后，制订出不同可能性结果应对方案ABC，对预后有充分了解和评估，便于出现相应情况后有针对性地应对措施，不至于手足无措，而错失处理良机。

因此，对于决策机制的诊断有五个方面：决策程序、决策主体、决策信息、决策方法、实施方案。一个好的决策，应该是这五个方面都做得比较优秀，从而提高决策质量，尽量避免不利结果的出现。

二、运营机制的诊断

1. 运营组织的设置是否合理？人才与岗位是否匹配？

运营组织的设置是基于战略目标的实现，组织设置与价值链相对应，组织能力与价值创造过程相匹配，人才与岗位相匹配，能力与功能相一致。有些企业出现组织与目标之间、人才与岗位之间错配。错配就像将擅长奔跑的马用去耕田，而将擅长耕田的牛用去骑行，不是马不行，也不是牛不行，而是人才与岗位错配，没有贯彻"以岗定人、人尽其才"的基本原则，而是任人唯亲，或任人唯感觉，没有使人才与岗位匹配，从而导致错配，影响岗位人才能力的发挥，从而影响组织整体能力。

2. 流程是否合理清晰？标准是否科学有效？

企业各价值链之间不可能孤立运行，各价值链内部也是一个有机整体，所以如何使价值链之间协同，内部一致，使价值创造过程井然有序，高效运行，一定要有清晰科学的流程、有效的工作标准，这是构成组织能力的核心部分。流程不清晰容易混乱，流程不科学合理容易导致流程太长形成"大企业病"，或流程缺失导致责任盲区，影响整体运营效率。华为的流程标准一是正确、及时交付；二是赚到钱；三是没有腐败。好的流程一定是高效率与高效益的结合，与企业经营目标高度匹配。

3. 运营管控是否有 PDCA 循环？

公司从上至下的指挥系统如何？有没有计划性？如果工作是随意性安排，容易导致公司资源错配，浪费资源，也容易使价值链之间及内部缺乏协同，混乱无序，导致工作效率下降。如有的公司老板无计划随意召开管理干部会议，容易干扰其他工作安排；或者突发性地布置某一工作任务，让人措手不及，都会影响整体工作效率，也会影响相关人员情绪。

工作计划有没有执行到位？相关资源配置是否合理？工作计划与公司人财物等资源的投入需要统筹兼顾，各工作事项时间安排既要合理，又要协同一致，上下工序要衔接无缝，才能充分保证工作效率。

从目标到执行过程有没有检查？管理界有一句名言，即员工只会做要检查的事。正如老师向学生布置作业一样，如果作业布置了，但第二天到校时老师不检查，估计时间久了没几个学生会做作业。同样，过程检查不仅是传递压力，更是工作质量的保证，能及时发现存在的问题，把问题解决在萌芽中，而不是等问题变大了才去解决，浪费更多资源，增加机会成本。

运营中的纠偏。目标定了，但执行过程有时会发生偏差，在检查同时需要纠偏、纠错，同时给予评价，指导方法。正如老师不仅要检查学生的作业，而且要对作业及时纠正，并给予等级评价，这样学生才会重视作业质量，同时又能发现问题，学到更多方法。

PDCA循环是运营管控的重要方法论，应该在每一项工作中得到应用，形成不仅执行到位，确保质量，而且能持续提升的良性循环。

三、激励机制的诊断

1.员工薪酬发放的依据是什么，有没有与绩效关联？凡是与绩效无关联的薪酬设计都属于"吃大锅饭"模式，价值创造是价值分配的依据，国家的基本经济制度是"按劳分配"，劳是指劳动的投入与产出。如果公司的薪酬与业绩无关联，就难以形成公平合理的分配机制，容易打击积极分子，形成散漫惰性之风，企业也一定会在竞争中被市场淘汰。

2.短期激励是否兼顾长期激励？公司的短期利益与长期利益相一致，才能保证企业发展的可持续性；短期利益与短期激励相关联，长期利益与长期激励相关联，企业在制定短期激励的同时，要制定相应的长期激励。

3.奖金是否与结果承诺关联？奖金是对超出预期价值或达成某种结果的绩效兑现，奖金的发放如果是固定金额，与结果无关，那这种奖金其实是一种变相的福利，没有什么激励作用。

4.物质激励是否与精神激励相结合

物质激励只是满足物质上的需求，与相对于荣誉、尊重、成就感这些真正有较大激励作用的精神需求不同，再者一味的物质激励不仅会增加公司成本，而且会营造一种给钱才办事的不良氛围。企业的精神激励机制是重要组成部分，按照"双因素理论"，该部分才属于激励因素，物质激励属于保健因素，激励的价值往往来自工作上的成就感、荣誉感、被尊重感等。因此，企业在进行物质激励的同时，一定要进行精神激励。

四、成长机制的诊断

1. 企业有没有建立制度流程的优化机制？只有把能力建在组织上，企业才能持续成长，而制度流程是组织能力的重要"软件系统"，基于价值创造的目的，企业应对组织制度流程进行持续的优化提升，通过工作总结与项目复盘，把组织能力沉淀在流程标准上，使之得到应用与传承，从而不断提升组织能力。

2. 企业有没有建立员工培训体系？人是生产力中最活跃的因素，事在人为，企业是否建立了新员工入职培训、员工导师制、员工岗位成长机制，决定了人才在组织上是否能成长，是否能把知识能力转化为生产力。

3. 企业有没有建立关键核心岗位的胜任模型？关键核心岗位，承担了企业的重要职能，决定了企业的价值创造能力，是企业核心竞争力形成的重要因素。俗说，"千军易得，一将难求"，"兵熊熊一个，将熊熊一窝"，无不体现了核心人才的重要性与决定性。因此，企业应建立关键核心岗位的素质模型，作为岗位招聘标准，确保核心岗位人员的素质与岗位匹配；作为现任岗位人员与素质模型的对照，从中找出差距，激发核心关键岗位人员不断成长，成为创新型人才。

4. 企业有没有建立员工晋升通道？基于人才与岗位匹配的原则，员工晋升到更高级别的岗位，其能力要与新岗位匹配，通过建立员工的晋升机制，制定员工的成长路径，根据拟新晋升岗位的素质能力标准，与员工现状对比，提炼员工培训需求，制定员工培训计划。

企业成功机制"四维驱动"如围成木桶的四块木板，其中一块短板的高度，决定了木桶的容量，只有四块达到平衡，才能使木桶容量最大。"四维驱动"诊断，就是要找出企业存在的短板，对其加以重点改造优化，使短板不短。企业在决策、运营、激励、成长四个维度均衡发展，成为"四优企业"，才能健康成长，永续经营，从而实现企业战略愿景目标。

◆ 案例：从某企业跨行业投资失败看企业成功机制"四维驱动模型"

一段时间以来，随着中国城市化进程的快速发展，受益最大的房地产行业迎来了将近二十年发展的黄金时期。但随着城市人口增量的放缓，房地产开发量的局部过剩，一些大型房地产企业纷纷开始转型。与传统制造型产业不同，房地产行业属于服务型行业中最容易赚大钱的行业，资金量大，项目周期较短，因房地产价格上涨较快，短期内可以赚取丰厚的利润，拿地—开发—卖楼，再拿地—开发—卖楼，这种迅速变现模式形成了房地产企业特有的内在"基因"，就是短期内赚大钱、赚快钱，企业管理层已形成了相应的管理模式与运营管理理念。

某房企看准了大众快消品中的矿泉水，决定跨界投资，企图在短期内创建一家行业的头部企业。在项目投产后的第二年计划销售100亿元，第三年达到300亿元，该企业的大手笔投入以及土豪般的经营风格，一时间在行业激起巨大的浪花，吸引了媒体和众多人关注。

该企业利用自己的资金优势，动辄几十亿大手笔的投入，一开始有碾压行业其他企业之风，几乎让竞争对手瑟瑟发抖：利用矿泉水地理优势，挖掘产品价值元素，投入巨资进行营销传播，一时间全国各大中城市，各大媒体、体育赛事、机场、大街小巷铺天盖地都是产品的广告宣传，使品牌短期内家喻户晓。这种操作模式体现了房企短期内赚大钱的运作风格。

但是在强大的产品广告宣传、巨额的资金投入下，产品却并没有一炮打响，相反却出现了巨额亏损！下面从企业成功机制"四维驱动模型"进行分析。

1. 决策机制问题

企业要跨行业投资发展，应进行系统的战略决策分析。首先是外部分析：行业的五力模型分析、竞争态势分析、消费者分析；其次是内部分析，内部的资源能力与战略是否匹配。

企业要成功，单有资金不行，组织能力比资金更重要。该企业的组织能力长期适合于房地产行业，在快消行业属于外行，需要较长时间与较高的成本去学习转型。面对陌生行业，组织能力得不到发挥，企业核心竞争力得不到传承，若从零开始，成功概率很低。快消品行业与房地产行业完全不一样，需要细工慢活地做，欲速不达。

2. 运营机制问题

运营组织与战略目标不匹配，运营管理系统与快消品行业不一致。在产品销售端，违背了基本的4P运行原则：产品定价不是来自市场调研，而是主观认定，定价太高，8元一瓶的矿泉水超出了油的价格，违背了最基本的价值规律，即产品价格围绕价值上下波动，完全脱离价值基本面的定价，在快消品行业注定让消费者难以接受。销售渠道方面的铺货管理太过急切，违反了渠道管理基本规律：由点到面，在样板工程成功的基础上，逐步总结完善，而不是突然大面积铺货，导致成本急剧上升，效益却无法跟上。

操作过于急切，任何一种产品都需要一个消费者接受的过程，品牌的美誉度与知名度有一个被认可的过程。作为传统的房企，突然进入另一行业，消费者要对企业原有的形象进行重构与跨越，如果能够跨越过去，销量就会提上来，但因为操之太急，在消费者还没认可的情况下，贸然"大跃进"，导致成本上升，而销量跟不上来，企业需要不断投入，一旦难以为继，则会引发渠道崩塌。

3. 成长机制问题

企业并没有为进入新的行业准备好相应的团队，尤其是高级管理干部团队，容易导致外行领导内行，组织管理制度流程难以适应相应行业，使企业内部矛盾增加，组织能力与发展战略不匹配，人才与岗位不匹配。

因此，企业成功机制"四维驱动模型"是企业健康度的体检指标，决策、运营、激励、成长四个维度机制同时健康，企业才能成功。而该企业竟然有三个指标都不合格，怎么可能侥幸做成功呢？

编后记

　　基于企业成功方法论的"四维驱动模型"，主题宏大，内涵丰富，每一维度都是一个非常值得深入研究的重要方向，甚至是许多中外专家学者用毕生精力在思考研究的课题，也是难以用一两本书便穷尽的课题，何况四维呢？

　　因此，本书难以做到四个维度深入翔实地剖析，以及具体拿来可用的实操工具，偏重理论化，有的篇章读来略有枯燥，但底层逻辑清晰。旨在搭建基于企业成功的系统方法框架，帮助企业管理者用"四维驱动模型"思维分析在企业经营管理实践中遇到的问题，找出有效解决问题的办法，用"四维"作为企业健康度的衡量标准，从而提高企业成功概率，助推中国企业突破成长瓶颈，"化蛹成蝶"，行远致稳，持续发展，由此若能为助推中国梦早日实现尽一己绵薄之力，实乃幸甚！

　　特别感谢尚为集团董事长兼总裁胡兴先生、深圳市南方略营销管理咨询有限公司董事长刘祖轲先生的宝贵意见和建议；感谢原华为、腾讯人力资源管理专家刘超老师对本书内容的修订意见及中移信息技术有限公司熊艺纯女士对本书的校对修订。

参考文献

[1] 郭文强，孙世勋，郭立夫 . 决策理论与方法（第三版）[M]. 北京：高等教育出版社，2020.

[2] [美] 威廉·史蒂文森（William J. Stevenson）. 运营管理（原书第13 版）[M]. 张群，译 . 北京：机械工业出版社，2019.

[3] [美] 爱德华·劳勒三世 . 组织中的激励 [M]. 陈剑芬，译 . 北京：中国人民大学出版社，2011.

[4] 李书玲 . 组织成长论 [M]. 北京：机械工业出版社，2017.